Chahrazed Rouabhia
Hicham Tebbikh

Reconnaissance de visages par approches multi-échelle

Chahrazed Rouabhia
Hicham Tebbikh

Reconnaissance de visages par approches multi-échelle

Extraction de caractéristiques et Classification

Presses Académiques Francophones

Impressum / Mentions légales
Bibliografische Information der Deutschen Nationalbibliothek: Die Deutsche Nationalbibliothek verzeichnet diese Publikation in der Deutschen Nationalbibliografie; detaillierte bibliografische Daten sind im Internet über http://dnb.d-nb.de abrufbar.
Alle in diesem Buch genannten Marken und Produktnamen unterliegen warenzeichen-, marken- oder patentrechtlichem Schutz bzw. sind Warenzeichen oder eingetragene Warenzeichen der jeweiligen Inhaber. Die Wiedergabe von Marken, Produktnamen, Gebrauchsnamen, Handelsnamen, Warenbezeichnungen u.s.w. in diesem Werk berechtigt auch ohne besondere Kennzeichnung nicht zu der Annahme, dass solche Namen im Sinne der Warenzeichen- und Markenschutzgesetzgebung als frei zu betrachten wären und daher von jedermann benutzt werden dürften.

Information bibliographique publiée par la Deutsche Nationalbibliothek: La Deutsche Nationalbibliothek inscrit cette publication à la Deutsche Nationalbibliografie; des données bibliographiques détaillées sont disponibles sur internet à l'adresse http://dnb.d-nb.de.
Toutes marques et noms de produits mentionnés dans ce livre demeurent sous la protection des marques, des marques déposées et des brevets, et sont des marques ou des marques déposées de leurs détenteurs respectifs. L'utilisation des marques, noms de produits, noms communs, noms commerciaux, descriptions de produits, etc, même sans qu'ils soient mentionnés de façon particulière dans ce livre ne signifie en aucune façon que ces noms peuvent être utilisés sans restriction à l'égard de la législation pour la protection des marques et des marques déposées et pourraient donc être utilisés par quiconque.

Coverbild / Photo de couverture: www.ingimage.com

Verlag / Editeur:
Presses Académiques Francophones
ist ein Imprint der / est une marque déposée de
OmniScriptum GmbH & Co. KG
Heinrich-Böcking-Str. 6-8, 66121 Saarbrücken, Deutschland / Allemagne
Email: info@presses-academiques.com

Herstellung: siehe letzte Seite /
Impression: voir la dernière page
ISBN: 978-3-8381-4839-7

Zugl. / Agréé par: Guelma, Université 08 mai 1945, 2013

Table des matières

Liste des figures

Liste des tableaux

Glossaire

ACP	Analyse en Composantes Principales
ACP2D	Analyse en Composantes Principales Bidimensionnelle
ADF2D	Analyse Discriminante de Fisher Bidimensionnelle
ADL	Analyse Discriminante Linéaire
ADL2D	Analyse Discriminante Linéaire Bidimensionnelle
ADL2DoL	Analyse Discriminante Linéaire Bidimensionnelle orientée en Ligne
ADL2DoC	Analyse Discriminante Linéaire Bidimensionnelle orientée en Colonnes
AMD	Assembled Matrix Distance
BDiaPCA	Bilateral Diagonal Principal Component Analysis
DCT	Discrete Cosine Transform
DFFS	Distance From Face Space
DiaPCA	Diagonal Principal Component Analysis
ERR	Equal Error Rate
FAR	False Acceptance Rate
FERET	Face REcognition Technology
FRGC	Face Recognition Grand Challenge
FRR	False Rejection Rate
FRVT	Face Recogntion Vendor Test
HMM	Hidden Markov Model
ICA	Independent Component Analysis
ICE	Iris Challenge Evaluation
LDiaPCA	Left Diagonal Principal Component Analysis
LU2DFDA	Left-multiplying Unilateral 2D Fisher Discriminant Analysis
MRTD	Machine Readable Travel Documents
NIST	National Institute of Standards and Technology
NN	Nearest Neighbor
PDBNN	Probabilistic Decision Based Neural Network
PMC	Perceptron Multi-Couches
RDiaPCA	Right Diagonal Principal Component Analysis
ROC	Receiver Operating Characteristic

RU2DFDA	Right-multiplying Unilateral 2D Fisher Discriminant Analysis
SSS	Small Simple Size
SVD	Singular Value Decomposition
SVM	Support Vector Machines
VM	Volume Measure
ZMUV	Zero Mean Unit Variance

Introduction Générale

"Rendez les choses aussi simples que possible, mais pas plus simples"

Albert Einstein

Contexte et problématiques

La biométrie, comme elle est connue de nos jours, trouve ses origines dans les procédés d'identification anthropométriques fondés par Alphonse Bertillon, créateur de la police scientifique, à des fins d'identification de délinquants. En utilisant 11 mesures anatomiques (longueur et largeur de la tête, longueurs des pieds, longueur du majeur, etc.), cet employé de la préfecture de police de Paris, parvenait à reconnaître des récidivistes en les photographiant et notant leurs mesures sur des fiches. Le bertillonnage a été appliqué dans la police jusqu'à la découverte, par Francis Galton, de la permanence et de l'unicité des empreintes digitales. Une découverte qui a mis la fin du bertillonnage et la naissance de l'identification à partir des empreintes digitales adoptées par Scotland Yard dès 1901 et la préfecture de Paris dès 1903. Cependant, plusieurs auteurs s'accordent à faire remonter l'utilisation des empreintes digitales par les chinois et les japonais à un millénaire. Aujourd'hui, la biométrie utilise, outre les empreintes digitales, plusieurs caractéristiques biométriques telles que le visage, l'iris, la voix, la démarche, la forme de la main et des doigts, l'ADN, etc. Ces caractéristiques ou modalités biométriques sont universelles et uniques ce qui rend la biométrie une alternative aux moyens courants d'identification tels que les badges, les mots de passe et les codes PIN, etc. permettant ainsi le développement des systèmes de sécurité fiables et robustes.

Si le marché international de la biométrie propose, aujourd'hui, de nombreuses applications, celle en Algérie qui est en pleine développement est la mise en place des passeports et cartes d'identité biométriques utilisant le visage, les empreintes digitales et la signature manuscrite pour l'identification d'individus.

La reconnaissance faciale, notre axe d'intérêt, entre dans le cadre des techniques biométriques. Elle présente l'avantage d'être acceptable par les utilisateurs vu que le visage est le moyen naturel que nous utilisons pour identifier les personnes que nous côtoyons. L'habilité de reconnaître les visages est innée chez les nourrissons ; ils préfèrent suivre les visages que d'autres objets et distinguent le visage de leur mères des autres visages. Cette habilité cognitive se développe en grandissant et l'adulte devient capable de reconnaître, non seulement, les personnes par leur visages, mais aussi, leur état émotionnel. Les premières études théoriques sur la reconnaissance automatique faciale remontent au début des années 1970. Plusieurs méthodes ont été développées, cependant, elles présentent un certain nombre de limitations liées, entre autres, à l'éclairage, aux expressions faciales, à la pose de la tête, aux occultations et à la forme spécifique du visage. On ne pourra jamais trouver deux images du même visage strictement identiques alors qu'elles correspondent à la même personne.

Organisation de la thèse

Nous avons choisi d'articuler notre thèse autour de cinq chapitres principaux encadrés par une introduction et une conclusion générales. Le premier chapitre introduit quelques définitions de base liées à l'anthropométrie et la biométrie, aux systèmes biométriques, à leur principe de fonctionnement et les techniques de mesures des performances. Un panorama de plusieurs modalités biométriques est présenté en se focalisant sur la place du visage vis-à-vis des autres modalités. Nous présentons, également, un bref aperçu des systèmes multimodaux.

Nous commençons dans le second chapitre par étudier la perception des visages du point de vue psychologie et neuroscience avant de présenter le principe des systèmes de reconnaissance automatique de visages et détailler ses différentes étapes avec un aperçu sur d'autres applications, dans lesquelles intervient le visage, telles que la synthèse automatique, la reconnaissance d'expressions faciales, etc. Ensuite, nous exposons une analyse et un état de l'art détaillés des différentes techniques développées au cours de ces dernières années avec un aperçu de la reconnaissance 3D. Nous passons en revue, également, les techniques d'extraction d'éléments faciaux et les différents programmes et protocoles d'évaluation des systèmes de reconnaissance faciale qui ont largement contribué à l'avancement des recherches et au développement de nouveaux algorithmes.

Le troisième chapitre expose plusieurs techniques d'extraction de signatures et de réduction de dimension bidimensionnelles. Ces techniques qui remplacent, ces dernières années, l'analyse en composantes principales (ACP) et l'analyse discriminante linéaire (ADL) offrent plusieurs avantages vis-à-vis des méthodes classiques que ce soit en termes de taux d'identification, de temps de calcul ou en celui d'espace mémoire.

Le quatrième chapitre propose notre première contribution qui entre dans le cadre de la classification ; une étape des systèmes de reconnaissance de visages qui n'a pas reçu un grand intérêt des chercheurs. Pour cela, nous proposons les mesures de similarité bidimensionnelles pondérées au sens où ces distances utilisent des matrices au lieu des vecteurs. Les tests de simulations et de comparaisons conduits sur les bases de visages internationales : ORL, JAFFE, Yale, PF01 et une sous base de FERET contenant 200 personnes démontrent l'efficacité des distances proposées vis-à-vis des distances classiques.

Le cinquième chapitre propose notre deuxième contribution qui consiste à développer une technique 2D d'extraction de signatures pour la reconnaissance de visages dite DiaPCA bilatérale (BDiaPCA). Cette nouvelle technique, basée sur l'analyse en composante principale diagonale (DiaPCA), effectue une projection linéaire bilatérale à gauche et à droite de l'image faciale originale. Les matrices de covariance sont calculées à partir de la représentation diagonale des images d'où la préservation des corrélations des lignes et colonnes. Le nouvel espace de projection est formé par les vecteurs propres correspondant aux valeurs propres les plus grandes en ordre décroissant. L'identification d'individus est proposée avec deux modalités faciales ; le visage entier et la région des yeux. Les résultats de simulations menées sur plusieurs bases de visages internationales montrent : i) les bonnes performances de BDiaPCA vis-à-vis d'autres méthodes 2D et ii) que l'identification par les yeux donne des taux de reconnaissance plus meilleurs que l'identification par le visage entier.

Chapitre I

Identification Biométrique

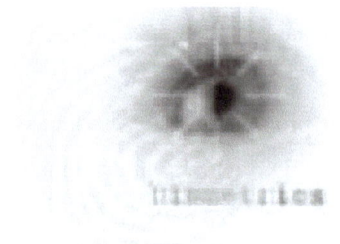

I.1 Introduction

Un individu peut être identifié : i) par ce qu'il possède telles qu'une carte d'identité, une clé, un badge, etc. ii) par ce qu'il sait tels qu'un mot de passe, un numéro d'identification personnel (PIN), etc. ou iii) par ce qu'il est; il s'agit de ses caractéristiques biométriques (visage, voix, etc.). Ces caractéristiques ne peuvent être ni volées ni perdues et sont très difficiles à mimer ce qui rend la biométrie une alternative aux deux précédentes méritant donc un intérêt particulier à travers ce chapitre. Nous commençons par introduire l'anthropométrie et la biométrie et présenter par la suite le principe des systèmes biométriques et les mesures de leurs performances. Egalement un bref panorama de différentes modalités biométriques est donné en se focalisant sur l'importance du visage humain vis-à-vis des autres modalités biométriques. Avant de conclure, nous présentons brièvement la biométrie multimodale.

I.2 Anthropométrie

Le terme anthropométrie est à l'origine grecque. Il est composé de « anthropos » qui signifie homme et « metrie » mesure désignant ainsi les mesures du corps humain. Introduite par l'anthropologue français Alphonse Bertillon (1853, 1914) en XIXème siècle, l'anthropométrie était la première méthode d'identification de personnes destinée à reconnaître des récidivistes. Elle est basée sur la prise de mensurations physiques telles que la longueur, la largeur et le diamètre de la tête, longueurs des pieds, longueur du majeur, etc. Une séance de prise de mesure est illustrée dans la figure I.1.

Les mensurations sont effectuées par références à des points (réels ou virtuels, selon le cas) en utilisant des instruments spéciaux tels que les compas illustrés dans la figure I.2. Deux dimensions d'un même organe (par exemple longueur et largeur de la tête) sont confrontées en faisant le rapport de 100 fois la mesure, la plus faible à la plus forte. Le quotient obtenu est qualifié d'indice et sa valeur est donnée sans unité. Ces mesures caractéristiques ont été classées en trois classes (petit, grand et moyen), quant à l'iris, en sept classes. Les mesures ainsi prises de chaque personne sont notées sur des fiches anthropométriques contenant également la photo comme le montre la figure I.3.

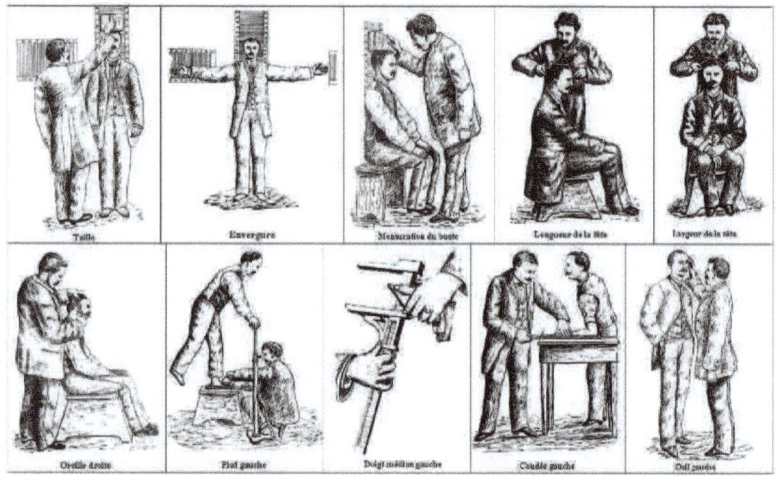

Figure I.1. *Séance de prise de mesures physiques.*

Le système d'identification de Bertillon; dit « Bertillonnage » fut adopté en France en 1882, puis aux États-Unis en 1887 avant de se généraliser en 1900.

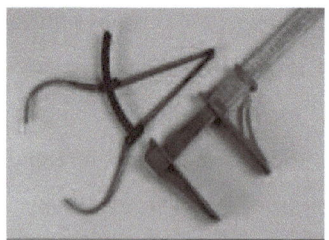

Figure I.2. *Exemples d'instruments de mesure.*

Cependant le bertillonnage avait des limites dues : i) à la distribution inégale des mesures dans la population, ii) corrélation entre les caractéristiques, iii) aux variations inter-opérateurs dues au manque d'instruments de mesures ou la non coopération des personnes et iv) au besoin de la présence de la personne à identifier et l'absence des traces sur le lieu du crime.

En plus de ces limites, la découverte, par Francis Galton, de la permanence et de l'unicité des empreintes digitales a mis la fin du bertillonnage et la naissance de l'identification à partir des empreintes digitales, adoptées par Scotland Yard dés 1901 et la préfecture de Paris dés 1903.

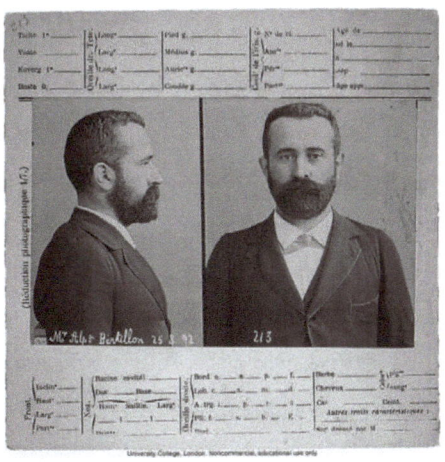

Figure I.3. *Fiche anthropométrique de Bertillon.*

I.3 Biométrie

Le terme « biométrie » remplaçant l'anthropométrie est à l'origine grecque; « bio » désigne vie et « metron » mesure. La biométrie est donc une technologie d'identification de personnes basée sur la connaissance de:

- **Caractéristiques morphologiques** ou **physiologiques** d'un individu telles que le visage, les empreintes digitales, l'iris, la rétine, la géométrie de la main, la géométrie de l'oreille, etc.

- **Caractéristiques comportementales** telles que la signature manuscrite, la démarche, le rythme de frappe sur un clavier d'ordinateur, etc.

- **Caractéristiques biologiques** telles que l'ADN, l'odeur corporelle, la salive, le sang, etc.

Les caractéristiques biométriques choisies doivent être [1] universelles, uniques, permanentes, mesurables, permanentes, acceptables par les utilisateurs et difficilement falsifiables.

I.4 Domaines d'application de la biométrie

Le besoin de moyens rapides et précis d'identification avec les capacités de calcul offertes par des ordinateurs puissants, le champ des applications de la biométrie s'élargit de jour en jour. Les applications de la biométrie peuvent être divisées en trois groupes principaux [1]:

- **Applications commerciales :** telles que l'ouverture de réseaux informatiques, la sécurité de données électroniques, l'accès Internet, la carte de crédit, le contrôle d'accès physique, le téléphone cellulaire, la gestion de registres médicaux, l'étude à distance, etc.

- **Applications gouvernementales :** telles que la carte d'identité nationale, le permis de conduire, la sécurité sociale, le contrôle de frontières, le contrôle de passeports, etc.

- **Applications légales :** telles que l'identification de corps, la recherche criminelle, l'identification de terroristes, etc.

I.5 Systèmes biométriques : principe et modes de fonctionnement

Les systèmes biométriques se basent sur le même principe [2][3], illustré en figure I.4, pour effectuer deux types de comparaison à savoir:

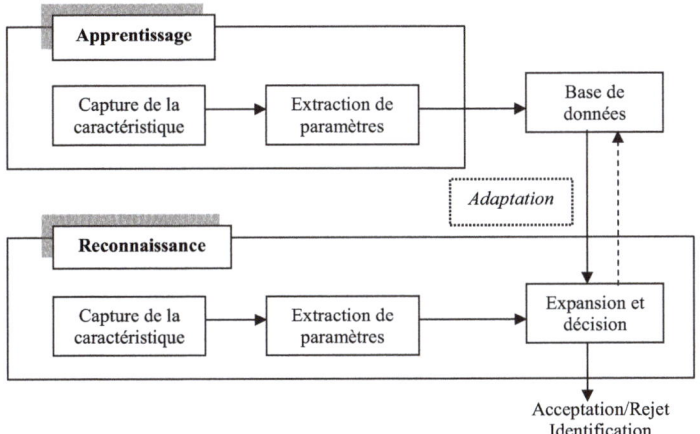

Figure I.4. *Architecture d'un système de reconnaissance biométrique [3].*

- **un à plusieurs :** pour effectuer une **identification** et répondre à la question «qui suis-je ?». Ces systèmes visent à établir l'identité d'une personne en comparant ses caractéristiques avec celles de la base de données. Ce mode est considéré «fermé» c'est-à-dire que toute personne qui utilise ce système possède un modèle dans la base de données,

- **un à un :** pour effectuer une **vérification**, appariement ou authentification biométrique et répondre ainsi à la question « suis-je effectivement la personne que je déclare être ? ». Ces systèmes comparent un gabarit de vérification avec un autre d'enrôlement. Ce mode est «ouvert» car il y a des personnes ne possédant pas de modèles dans la base de données (imposteurs) qui cherchent à être reconnus.

Pour ces deux modes de fonctionnement, les systèmes biométriques peuvent se répartir, selon qu'ils nécessitent ou non la coopération de la personne à identifier, en systèmes **intrusifs** (basés sur l'iris, la rétine, l'ADN, etc.) et systèmes **non intrusifs** (basés sur le visage, la démarche, etc.)

I.6 Mesure de la performance d'un système biométrique

Pour mener à bien une tache d'identification ou d'authentification, les systèmes biométriques doivent être choisis en fonction de l'application désirée et de données disponibles. Tous les systèmes possèdent des avantages et des inconvénients et le choix de l'un d'eux nécessite des critères d'évaluation et de classification [4]:

1. **la finalité:** distinction entre l'objectif d'identification et celui de vérification/authentification,

2. **le mode d'activation:** selon que l'activation de la reconnaissance est réalisée par la personne à reconnaître (ou au moins sa présence) ou non,

3. **la tolérance par l'usager:** certaines techniques biométriques sont plus acceptées par les utilisateurs que d'autres telles que la reconnaissance faciale et vocale,

4. **la robustesse:** cette qualité caractérise la résistance à la falsification ou à l'imposture,

5. **l'interfaçabilité :** est la qualité d'un système qui peut être utilisé avec d'autres systèmes informatiques.

6. **le stockage:** la possibilité de coupler la base de données à d'autres informations et de la transmettre à d'autres systèmes pour d'autres utilisations,

7. **la performance :** elle se mesure en termes d'erreur et de vitesse d'exécution. Pour les mesures d'erreur, on doit distinguer entre les systèmes dédiés à l'authentification et ceux d'identification. Les paragraphes suivants détaillent ce point [2][3][5]:

I.6.1 Test d'identification

La mesure de performance la plus utilisée est le taux d'identification. Cependant, il n'est pas toujours suffisant. En cas d'erreur, il est nécessaire de tracer la « courbe CMC » (Cumulative Match Characteristic) représentant le pourcentage de personnes reconnues en fonction d'une variable que l'on appelle le « rang ». On dit qu'un système reconnaît au rang 1 lorsqu'il choisit la plus proche image comme résultat de la reconnaissance. On dit qu'un système reconnaît au rang 2 lorsqu'il choisit, parmi deux images, celle qui correspond le mieux à l'image d'entrée, etc. On peut donc dire que plus le rang augmente, plus le taux de reconnaissance correspondant est lié à un niveau de sécurité faible.

I.6.2 Test de vérification

La performance d'un système de vérification se mesure à son taux de faux rejets (False Rejection Rate: FRR) et celui de fausses acceptations (False Acceptation Rate: FAR):

- Le taux de faux rejets: exprime le pourcentage d'utilisateurs rejetés alors qu'ils devraient être acceptés par le système (voir équation I.1).
- Le taux de fausses acceptations : exprime le pourcentage d'utilisateurs acceptés par le système alors qu'ils devraient être rejetés (voir équation I.2).

$$FAR = \frac{FA}{I} \qquad\qquad\qquad\qquad\qquad \textbf{(I.1)}$$

$$FRR = \frac{FR}{V} \qquad\qquad\qquad\qquad\qquad \textbf{(I.2)}$$

avec FA : nombre de fausses acceptations,

$\quad\quad FR$: nombre de faux rejets,

$\quad\quad V$: nombre d'accès clients,

$\quad\quad I$: nombre d'accès imposteurs.

Pratiquement on doit faire un compromis entre FRR et FAR en déterminant un seuil de décision (figure I.5). Ce denier influe directement sur la performance; un seuil trop petit entraîne l'apparition d'un grand nombre de faux rejets, tandis qu'un seuil trop grand engendre un taux important de fausses acceptations.

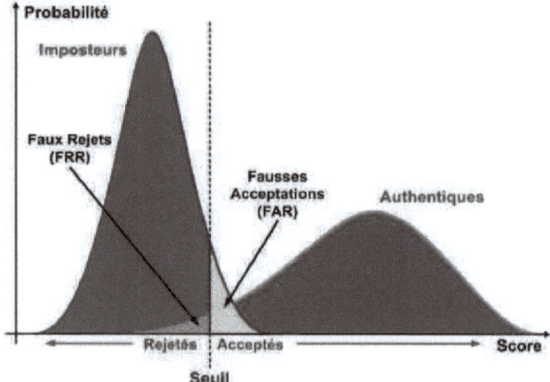

Figure I.5. _Illustration du FRR et FAR[5]._

Le seuil est déterminé par deux critères: l'erreur totale (Total Error) qui minimise l'erreur totale et le taux d'erreur égale (Equal Error Rate: EER) pour lequel la courbe du taux de fausses acceptations et la courbe du taux de faux rejet se croisent comme le montre la figure I.6.

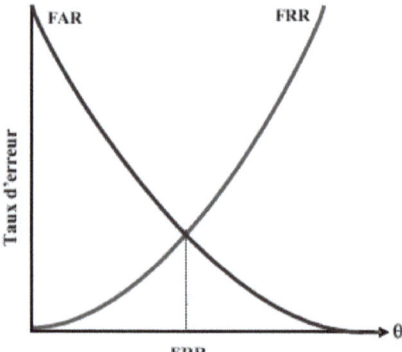

Figure I.6. _Illustration du taux d'erreur égale (EER)[11]._

I.7 Exemples de caractéristiques biométriques

Nous présentons, dans cette section, un bref aperçu de quelques caractéristiques physiologiques et d'autres comportementales. La figure I.7 illustre des exemples de ces modalités biométriques.

I.7.1 L'iris

L'iris est la zone colorée visible entre le blanc de l'œil et la pupille, son identification fut proposée en 1936 par l'ophtalmologiste Frank Branch [6]. En 1987, deux professeurs Aran et Leonard Flon déposèrent un brevet concernant cette technologie et en 1989, ils demandèrent l'aide du professeur Jhon Daughman pour réaliser un algorithme mettant au point cette technique. Cet algorithme a été breveté en 1994 et devenu la base de la reconnaissance de l'iris. Richard P.Wildes a également proposé en 1997 [7] un système d'identification et de vérification basé sur l'iris.

Les systèmes biométriques basés sur cette caractéristique sont [3] infaillibles compte tenu que l'iris est stable le long de la vie, distinct et sa reproduction artificielle est pratiquement impossible. Malgré qu'ils se prétendent aux vérifications 1:1 et à l'identification 1:N, ces systèmes sont coûteux, peu acceptés par les utilisateurs et nécessitent des équipements spécifiques. La banque « United Of Texas » était la première banque des Etats-Unis qui a appliqué cette technologie aux guichets automatiques.

I.7.2 La rétine

La rétine est un tissu nerveux tapissant le fond de l'œil et c'est la disposition de ses veines qui permet la distinction entre les rétines d'un individu à l'autre et d'un œil à l'autre d'une même personne. L'identification basée sur la rétine remonte à 1936 [6] avec les travaux du Dr. Carleton Simon et Dr. Isadore Goldstein.

Exploitant le fait que la rétine est unique, propre à chaque individu et stable le long de la vie [3], les systèmes biométriques qui l'utilisent sont très fiables mais coûteux, intrusifs et peu acceptés par les utilisateurs ce qui réserve cette technique aux applications qui exigent une haute sécurité et concernent la sûreté nationale (salle de coffre fort, site militaire, etc.) soit dans le mode 1:1 ou le mode 1:N.

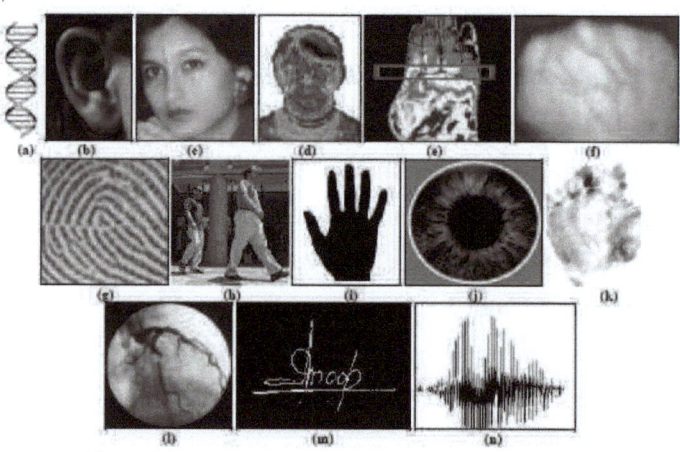

Figure I.7. *Exemples de différentes modalités biométriques:*

a) ADN, b) oreille, c) visage, d) thermogramme facial, e) thermogramme de la main, f) veines de la main, g) empreintes digitales, h) démarche, i) géométrie de la main, j) iris, k) empreinte de la paume, l) rétine, m) signature et n) voix.

I.7.3 La géométrie de la main

Les systèmes biométriques utilisant la géométrie de la main (longueur et largeur des doigts, largeur de la paume, etc.) sont les plus utilisés et les plus adaptés au contrôle d'accès puisqu'ils conviennent aux vérifications 1:1.

Cette caractéristique n'est pas un moyen biométrique fiable [3] puisque les systèmes peuvent être facilement trompés par de vrais jumeaux ou même par des personnes de la même famille, c'est pourquoi la fusion avec d'autres caractéristiques telles que l'empreinte de la paume [1][8] ou la géométrie des doigts est une alternative à la géométrie de la main. On cite comme application de cette caractéristique, le système INSPASS (http://www.biometrics.org/REPORTS/INSPASS.html) appliqué aux aéroports de New York et New Jersey des Etats-Unis depuis 1993.

I.7.4 Les empreintes digitales

Les empreintes digitales sont le relief cutané des bouts des doigts. Pour les voir, il suffit de couvrir les bouts des doigts d'une fine couche d'encre et de les imprimer sur une feuille de papier. Ces dernières ont été utilisées, à des fins d'identification, par les chinois pour signer les documents, il y a un millénaire. Cette caractéristique est fiable mais mal acceptée par les utilisateurs à cause de son association avec la criminologie. Parmi les applications des systèmes biométriques utilisant les empreintes digitales, on cite la personnalisation de voitures proposée par Siemens [3], le système de sécurité US-VISIT appliqué aux Etats-Unis dans 115 aéroports et 15 ports [1] et le système IAFIS du FBI (http://www.fbi.gov/hq/cjisd/iafis.htm).

I.7.5 La voix

En 1962, Lawrence Kersta établit que la voix de chaque personne est unique et qu'il est possible de la représentée graphiquement [6]. Cependant, la voix peut changer le long de la vie à cause d'une maladie, de l'état émotionnel de la personne et même à cause du froid c'est pourquoi la reconnaissance vocale [3] relève à la fois de la biométrie physiologique et comportementale.

Pour l'authentification, la voix est acceptée par les gens mais sa fiabilité est moyenne. Elle s'applique notamment pour contrôler le passage des frontières et pour sécuriser les opérations bancaires et commerciales en lignes, etc.

I.7.6 La signature

Signer pour s'identifier est un acte quotidien, notamment pour les transactions vu que la signature manuscrite est propre à chaque individu. L'identification par la signature se fait en deux modes : statique ou dynamique; le premier utilise l'information géométrique de la signature, quant au deuxième, il est le plus riche en informations qui proviennent de la vitesse avec laquelle la signature est réalisée, la précision et la position spatiale du stylo à encré (inkpen), de la trajectoire de la signature et de l'inclinaison, etc.

La signature est acceptée par les utilisateurs mais présente l'inconvénient de dépendre de l'état émotionnel, de la fatigue, de la santé du signataire et de la variabilité entre deux signatures d'une même personne.

I.7.7 L'oreille

Le travail le plus important concernant l'utilisation de l'oreille pour l'identification été celui de Alfred Iannarelli en 1989. Il trouva, en collectant plus de 10000 oreilles, qu'elles sont différentes. En 1906, Imhofer, démontra que seulement quatre caractéristiques sont suffisantes pour distinguer une oreille de l'autre. Pour la reconnaissance de l'oreille, au moins trois méthodes existent [1]: i) prendre une photo de l'oreille, ii) prendre la trace de l'oreille (earmarks) en pressant l'oreille contre une glace; cette trace servira pour résoudre les crimes et iii) prendre le themogramme de l'oreille. Les approches 3D ont été également appliquées sur l'oreille [10].

I.7.8 La démarche

La démarche est la façon avec laquelle une personne marche; c'est l'une des caractéristiques biométriques permettant l'identification de personnes à distance. Niyogi and Adelson, au début des années 90s, sont à l'origine de la première contribution à des fins d'identification par la démarche [1]. Cette dernière se base sur trois concepts: i) l'alignement temporel basé sur la silhouette et la dynamique, ii) les paramètres statiques tels que la longueur du pas, sa fréquence et sa vitesse et iii) la forme de la silhouette. La démarche est influencée par plusieurs facteurs tels que les chaussures portées, les maladies de pieds, la surface sur laquelle la personne marche, etc.

I.7.9 Thermogramme facial

Cette technique biométrique utilise la chaleur émise par le visage pour identifier une personne. L'image est acquise par une camera infrarouge indépendamment des conditions d'illumination, cependant elle est influencée par la pose, la température corporelle et l'état émotionnel de l'individu.

I.7.10 Le visage

L'une des habilités les plus surprenantes du système visuel humain est celle d'identifier les personnes à partir de leur visage, indépendamment des expressions faciales et des changements dus à l'âge et aux styles de coiffures. Cette capacité a poussé les chercheurs, il y a plus de 30 ans, à introduire des systèmes automatiques de reconnaissance de visages basés soit sur les relations géométriques entre les éléments caractéristiques du visage (yeux, nez, bouche, etc.) soit sur le visage entier.

Le visage est dédié à la vérification et/ou à l'identification. Il présente l'avantage, comparé à d'autres caractéristiques biométriques, d'être non intrusif et acceptable par les utilisateurs, seulement, il dépend fortement des conditions d'éclairage, de la position de la tête, des expressions faciales, des occultations partielles et du temps. En effet, pour un même système de reconnaissance de visages, le taux de reconnaissance peut chuter de 50% [3].

I.8 Le visage vis-à-vis d'autres techniques biométriques

Une analyse statistique des publications sur les techniques biométriques soumises et publiées dans un numéro spécial de la revue « IEEE Transaction on PAMI » est donnée en tableau I.1 [11]. La reconnaissance faciale arrive largement en tête avec un pourcentage de 33% du nombre total de publications. Ceci démontre bien l'intérêt scientifique pour cette technique.

TABLEAU I.1.   Répartition des articles sur les techniques biométriques soumis et acceptés
dans la revue IEEE PAMI [11].

Articles (%)	Visage	Empreintes digitales	Multimodale	Iris	Evaluation des performances	Autres
Soumission	33%	17%	16%	9%	4%	21%
Acceptation	33%	16%	16%	11%	5%	20%

Parmi six modalités biométriques, le visage marque un score de compatibilité le plus élevé dans un système MRTD (Machine Readable Travel Documents) comme l'illustre la figure I.8. Ce score étant basé sur plusieurs facteurs d'évaluation tels que l'enrôlement, le renouvellement des données, les requis matériels et la perception des utilisateurs [5].

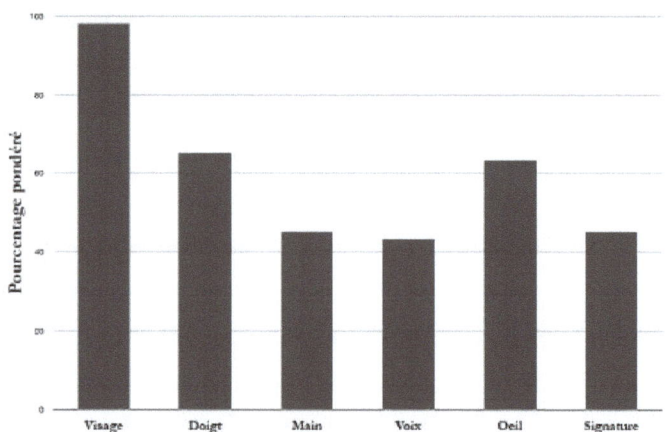

Figure I.8.   *Scores de compatibilité pour différentes technologies biométriques dans un
système MRTD [5].*

Dans [13], les protocoles d'évaluations FERET et FRVT menés depuis 1993 jusqu'à 2006 montrent clairement une réduction très importante du taux d'erreur des algorithmes de reconnaissance de visages.

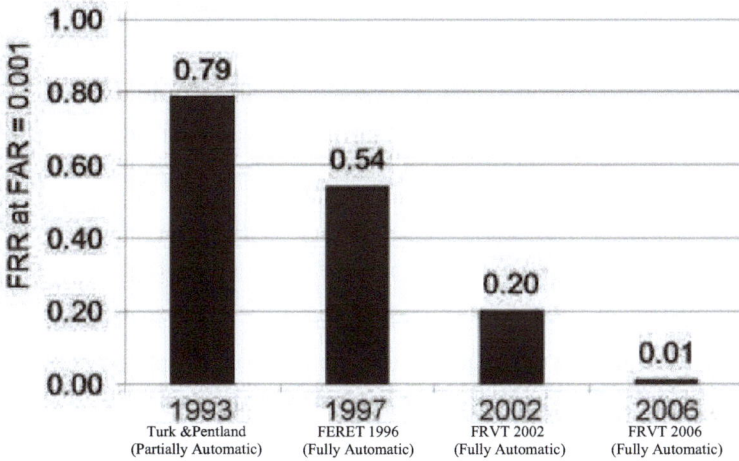

Figure I.9. *Réduction du taux d'erreur des algorithmes de reconnaissance de visages selon les évaluations de FERET, FRVT 2002 et FRVT 2006 [13].*

Selon International Biometric Group [19], la reconnaissance du visage, avec 12% du marché (hors applications judiciaires), dépasse la reconnaissance de la main qui avait avant la deuxième place en terme de source de revenus après les empreintes digitales.

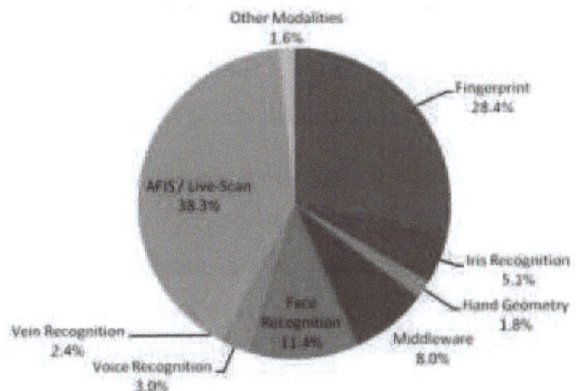

Figure I.10. *Revenus de différentes technologies biométriques selon « International Biometric Group » [19].*

I.9 Systèmes biométriques multimodaux

Les systèmes biométriques unimodaux dépendent énormément des conditions d'acquisition (éclairage pour les visages, bruits pour la voix, type de travail pour les empreintes digitales, etc.), des capteurs utilisés (scanner optique, scanner thermique, camera, etc.), de l'état de santé et de l'état émotionnel des individus et aussi des méthodes utilisées lors de l'extraction de caractéristiques. Certains d'eux peuvent être coûteux et mal acceptés par les utilisateurs tels que les systèmes de reconnaissance de l'iris et de la rétine. C'est pourquoi la multimodalité est utilisée pour pallier ces problèmes, parmi d'autres, tels que la non disponibilité de certaines caractéristiques à cause d'un accident ou d'une maladie. Ainsi un système biométrique multimodal est plus performant (précision, efficacité), résistant à l'imposture (impossible de mimer plusieurs caractéristiques biométriques) et robuste au sens où il compense une modalité défaillante par une ou d'autres. Plusieurs bases de données multimodales sont, maintenant, disponibles et gratuitement téléchargeables.

I.9.1 Types de multimodalité

Le sens le plus classique du terme multimodalité est la fusion de plusieurs caractéristiques biométriques telles que le visage, les empreintes digitales et la géométrie de la main [12], le visage et la démarche [9] ou le visage et l'iris [5]. D'autres formes de fusion ont été citées dans [3][12] :

1. **Systèmes multiples d'acquisition** qui utilisent différents capteurs pour l'acquisition d'une même caractéristique biométrique,
2. **Mesures multiples d'une même unité biométrique** telle que la reconnaissance d'une personne en utilisant les empreintes digitales de ses 10 doigts ou de ses deux iris,

3. **Instances multiples d'une mesure** qui consiste à répéter l'acquisition d'une même caractéristique avec le même capteur telle que prendre plusieurs empreintes digitales d'un doigt de la même personne,

4. **Algorithmes multiples:** faire la reconnaissance à partir d'une seule caractéristique biométrique mais avec différents algorithmes de reconnaissance.

Toutes ces techniques de fusion peuvent être évaluées selon le coût matériel et/ou logiciel, l'apport d'informations par rapport à un système unimodal et la gêne pour les utilisateurs [3].

I.9.2 Fusion d'informations dans les systèmes biométriques multimodaux

La fusion des informations dans les systèmes bimodaux ou multimodaux peut s'effectuer lors de l'une de ces trois étapes [12]:

- **extraction de caractéristiques (feature extraction):** dans cette étape, on concatène plusieurs vecteurs obtenus de différentes caractéristiques pour former un seul vecteur hybride mais ayant une grande dimension, ce dernier sera l'entrée du classificateur,

- **étape de comparaison (matching):** le résultat final est obtenu en fusionnant les résultats de similarité entre chaque vecteur et son modèle,

- **étape de classification (decision):** les vecteurs caractéristiques issus de plusieurs capteurs sont classifiés séparément pour retourner l'acceptation ou le rejet dans le mode de vérification et l'identité dans le mode d'identification.

I.10 Conclusion

Nous avons introduit le lecteur à l'identification biométrique, passé en revue différentes modalités biométriques et présenté les mesures des performances de systèmes biométriques. Tout cela nous a permis de conclure que la recherche en biométrie est un domaine à très fort potentiel. Parmi les diverses modalités existantes, nous nous intéressons à une caractéristique qualifiée de naturelle et amicale; le visage humain qui fera l'objet du chapitre suivant.

Chapitre II

Reconnaissance Automatique de Visages

"Everything is in the face"

Cicero

II.1 Introduction

La reconnaissance de personnes par leur visage est une tâche que les humains effectuent naturellement et sans effort dans leur vie quotidienne. Inspirés par le système visuel humain, des chercheurs ont tenté depuis les années 70s de recopier les mécanismes de la perception chez les humains et de réaliser des systèmes informatiques capables d'égaler l'humain. Ils ont réussi, avec une certaine fiabilité, en développant plusieurs algorithmes évalués sur différentes bases de visages. Ainsi, ce chapitre est dévolu à présenter une analyse et un état de l'art des systèmes de reconnaissance faciale. La perception du visage est traitée du point de vue neurophysiologique avant d'être abordée du point de vue technique. Egalement, les différentes applications dans lesquelles intervient le visage sont exposées. Une section de ce chapitre est réservée aux techniques et approches classiques et 2D de la reconnaissance de visages avec un aperçu de la reconnaissance faciale 3D. Quant à la dernière section, elle traite les protocoles d'évaluations des systèmes de reconnaissance faciale.

II. 2 Visage humain comme stimuli

Le visage est le noyau des systèmes de reconnaissance de visages, c'est pourquoi il mérite un regard d'intérêt de notre part. Le visage est la face antérieure de la tête allant du front jusqu'au menton et d'une oreille à l'autre. Il se constitue d'un regroupement d'éléments distincts (yeux, nez, bouche, etc.) disposés selon une organisation géométrique similaire (les yeux sur les cotés, le nez au milieu, la bouche au dessous du nez, etc.). En plus, il est riche en informations sociales. La figure II.1 présente différents points cutanés du visage.

Malgré que nous possédons les mêmes éléments faciaux, ces derniers diffèrent d'une personne à une autre : les yeux peuvent être ronds ou minces, le nez peut être grand ou petit, pointu ou émoussé, la bouche peut être grande ou petite, la couleur de peau peut être claire ou foncée, etc. L'état émotionnel influence, également, sur les éléments faciaux; une personne étonnée peut avoir la bouche ouverte et faire de grands yeux et une personne fâchée peut avoir un regard sérieux et la bouche fermée. Tous ce que nous venons de dire rend le visage un stimuli visuel de classe à part.

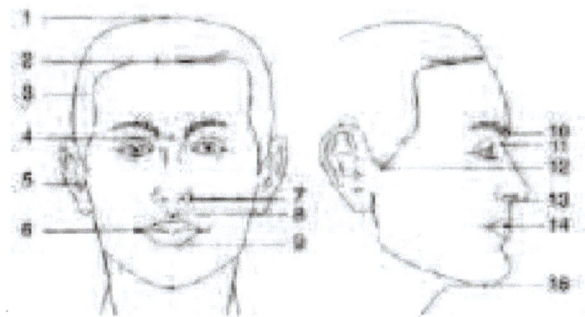

1. vertex ; 2. trichion ; 3. euryon ; 4. ophryon ; 5. zygion ; 6. cheilon ; 7. alare ; 8. labiale superius ; 9. labiale inferius ; 10. glabella ; 11. nasion ; 12. tragion ; 13. subnasal ; 14. stomion ; 15. gnathion.

Figure II.1. *Points cutanés faciaux.*

II.3 Psychologie / Neuroscience et perception de visages

Avec toutes les variances inter et intra visages, il nous suffit un clin d'œil pour distinguer le sexe, l'état émotionnel et l'identité d'une personne à partir de son visage. Cela même après plusieurs années de séparation et avec les changements que peut subir le visage tels que l'âge, l'expression faciale, la chevelure, l'usage de produits cosmétiques et les accessoires, etc. Derrière cette grande capacité à identifier efficacement et rapidement les visages, résident deux hypothèses: **i)** la reconnaissance de visages est un processus spécifique qui diffère de la reconnaissance des autres objets et **ii)** il y a une aire spécifique du cerveau dédiée à la reconnaissance de visages. Ces hypothèses sont soutenues par les arguments suivants [14]:

- La reconnaissance de visages est plus facile et plus rapide que la reconnaissance des autres objets,

- Les patients atteints de prosopagnosie souffrent d'une altération des facultés en reconnaissance de visages indépendamment d'une détérioration des facultés en reconnaissance des objets (ils ne reconnaissent ni les visages de leurs proches, ni les siens sur une glace). Cependant ces mêmes malades reconnaissent si l'objet est un visage ou non et distinguent souvent ses différentes parties mais ne peuvent pas l'identifier. D'autres patients atteints d'agnosie d'objets visuels n'éprouvent aucune difficulté à reconnaître les visages.

En effet, au sein du système visuel humain [5] un certain nombre de régions sont particulièrement impliquées dans la perception des visages, notamment l'**aire fusiforme des visages** (Fusiform Face Area : FFA) qui constitue une partie du gyrus fusiforme au niveau de la jonction des lobes temporaux et occipitaux (Figure II.2). Une lésion cérébrale de ces régions et en particulier de la FFA peut entraîner une prosopagnosie.

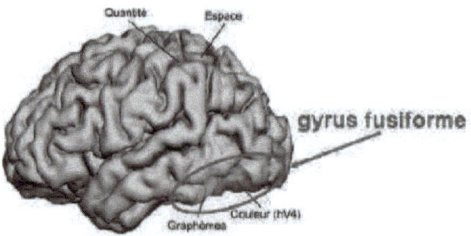

Figure II.2. *Cartographie de l'hémisphère gauche avec le gyrus fusiforme [5].*

Selon les études psychologiques, plusieurs facteurs contribuent plus au moins à performer le système visuel humain. Parmi lesquels on cite [14]:

- **les expressions faciales** : la reconnaissance de visages est indépendante de la reconnaissance d'expressions faciales puisque quelques patients prosopagnosiques reconnaissent les expressions faciales d'un visage mais ont du mal à l'identifier. Par contre les patients atteints d'un syndrome organique du cerveau (Organic Brain Syndrome) souffrent d'une pauvre analyse d'expressions faciales mais reconnaissent parfaitement les visages,

- **le mouvement :** les visages célèbres et familiers sont plus faciles à identifier, à partir des séquences dynamiques, que des photographies statiques. Cependant le mouvement n'apporte rien pour les visages non familiers,

- **le changement d'éclairage :** un bon éclairage est approprié pour mieux reconnaître les visages puisqu'il est difficile de les identifier à partir des photographies négatives,

- **la distinction :** les visages distincts sont bien mémorisés et rapidement reconnus que les visages typiques,

- **les caractéristiques faciales significatives :** les yeux, la bouche, les cheveux et le contour de la tête sont importants pour percevoir et se souvenir des visages. La performance de reconnaître un visage s'améliore aussi avec d'autres facteurs qui s'ajoutent aux premiers à savoir la beauté, l'attirance et/ou la sympathie.

- **l'analyse globale et l'analyse par caractéristiques (Holistic analysis, feature analysis) :** Ces deux analyses sont cruciales pour la perception et la reconnaissance de visages; l'analyse globale est suivie d'une analyse par composantes (yeux, nez, bouche, etc.) pour affinement. Cependant, en présence de caractéristiques marquées telles qu'un long nez ou de grandes oreilles, l'identification peut s'en dépasser des informations globales.

La nécessité d'une analyse globale/configurale (positions et distances relatives) pour la reconnaissance de visages a été démontrée par l'expérience de Thompson réalisée en 1980 : «Margaret Thatcher : a new illusion». Les yeux et la bouche de Margaret Thatcher étaient inversés et placés sur le visage (figure II.3(c)), ce dernier apparaît grotesque tandis que cette même image inversée semble normale (figure II.3(d)).

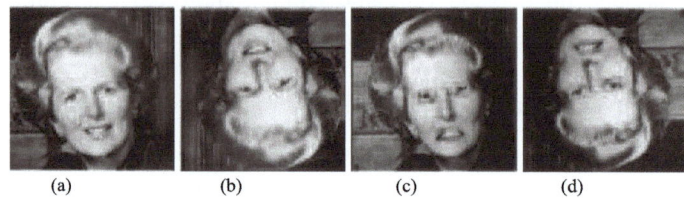

(a)   (b)   (c)   (d)

Figure II.3. *Illusion de Thatcher : a) visage normal, (b) visage normal inversé, (c) éléments du visage inversés et (d) visage de la figure (c) inversé.*

II.4 Reconnaissance automatique de visages

II.4.1 Historique

La reconnaissance de visages remonte à 1888 avec les travaux de Galton à des fins d'identification de personnes à partir de leur vues de profil et les études psychologiques de Brunier et Togiuni en 1954 portant sur l'étude du système visuel humain [14]. Les recherches concernant la reconnaissance automatique de visages n'ont vu le jour qu'en 1966 avec le premier système semi automatique de Bledsoe. Il consistait à reconnaître les visages après avoir marqué manuellement des points caractéristiques sur des visages photographiés (les coins des yeux, les commissures de la bouche, le nez, le menton, etc.). Un autre système utilisant des mesures géométriques a été proposé par Kelley en 1970. Le premier système entièrement automatique proposé par Kanade date de 1973 [15], il consistait à extraire automatiquement des points caractéristiques à partir d'une seule image. Tous ces systèmes comparaient des mesures géométriques (distances, rapports de distances, etc.) d'un visage inconnu avec celles stockées.

En 1991, la publication de l'article « Eigenfaces for Recognition » [16] fut un tournant dans le domaine de la reconnaissance de visages, depuis les articles et les publications ne cessent d'apparaître en s'inspirant des eigenfaces. Le fruit de toutes ces recherches était les produits commerciaux de reconnaissance faciale motivés par le programme FERET (Face Recognition Technologie) [18]. Ce programme, organisé par le ministère de la défense américaine en 1994 et terminé en 1996, avait pour but l'évaluation des algorithmes sur la grande base de visages FERET. Cette base sera détaillée dans l'annexe A.

II.4.2 Applications de la reconnaissance de visages

Les systèmes de reconnaissance de visages interviennent dans plusieurs applications telles que:

- **la sécurité d'informations :** sécurité de bases de données, cryptage de données, accès à l'Internet, etc.

- **la répression et la surveillance :** poursuite de suspects et investigation, contrôle d'accès, etc.

- **le divertissement :** jeux vidéo, interaction homme-robot, interaction homme-ordinateur, etc.

- **les cartes :** carte d'identité, passeport, enregistrement des électeurs, etc.

Parmi les producteurs de systèmes faciaux, nous citons : FaceIT from Visionics, Viisage Technologie, Biometric System, IN, Face Snape Recorder, etc. Leur commercialisation envahit le marché des systèmes biométriques avec, selon International Biometric Group [19], des ventes qui dépassent celles des systèmes basés sur la voix. Parmi les applications les plus populaires nous citons:

- Le logiciel Mandrake mis en service le 14 octobre 1998 à Borough de New Ham de Londres. Il visait la diminution du nombre de crimes et de délits (il a abouti à une diminution de 10% en 6 mois).

- La vidéo surveillance dans le stade de Tampa en Floride où se déroulait la finale de football en janvier 2001.

- Le système de reconnaissance de visages utilisé en Ouganda lors de l'élection présidentielle de mai 2001.

- Les systèmes utilisés en Afrique du sud dans une grande chaîne de distribution de paiement et aux aéroports pour le contrôle de passeports, etc.

II.4.3 Principe du système de reconnaissance automatique de visages

Un système automatique de reconnaissance de visages est un système biométrique utilisant le visage à des fins d'identification et/ou de vérification de personnes. Il utilise soit des images de visages fixes [16][20] ou de séquences vidéo [21][82]. Il compare les caractéristiques d'un individu avec celles stockées dans une base de référence. Le système comporte essentiellement, après l'acquisition des images et leur prétraitement, les étapes illustrées en figure II.4.

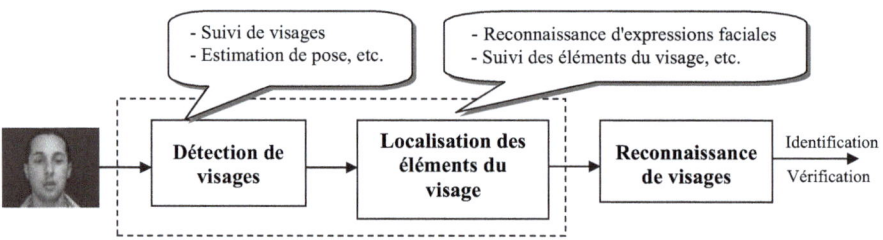

Figure II.4. *Système de reconnaissance automatique de visages [82].*

Les prétraitements et la normalisation des images de visages sont primordiaux pour garantir de bonnes performances du système. En général, cette étape contient :

- Transformation des images originales couleurs en images à 256 niveaux de gris en moyennant les valeurs des trois canaux RGB.
- Rotation des images de manière à ce que l'axe interoculaire soit horizontal.
- Redimensionnement des images originales pour en réduire la taille.
- Segmentation du visage de manière à le centrer dans l'image et éliminer les arrières plans.
- Egalisation d'histogramme des images sombres ou trop éclairées. Cet algorithme consiste à harmoniser la répartition des niveaux de luminosité de l'image, de manière à tendre vers un même nombre de pixels pour chacun des niveaux de gris de l'histogramme. Ainsi, cette opération vise à harmoniser les valeurs de pixels des différentes images, afin de gommer les dissimilarités dues à des différences de conditions d'éclairage par exemple.

Quant aux autres étapes du système (figure II.4), elles peuvent être combinées ou utilisées séparément pour d'autres applications. La détection de visages et la localisation des éléments faciaux peuvent s'effectuer simultanément. Quant à la localisation des éléments faciaux, elle peut servir à la reconnaissance comme à la détection de visages. Soit pour une application ou une autre, toutes ces étapes doivent être réalisées soigneusement parce que la performance, des applications dans lesquelles interviennent, en dépend beaucoup: le suivi d'un visage nécessite sa détection et la reconnaissance d'expressions faciales ne peut être sans une bonne localisation des éléments faciaux.

II.5 Applications utilisant le visage

II.5.1 Détection et localisation du visage

Détecter des visages revient à vérifier la présence ou non d'un ou de plusieurs visages dans une image et de retourner la position approximative du visage détecté s'il existe. La détection est la première étape dans plusieurs systèmes automatiques tels que la reconnaissance de visages, le suivi des éléments faciaux, la reconnaissance des expressions faciales, etc. Plusieurs facteurs rendent la détection une tâche difficile à savoir les variations de pose (vue de face, vue de profil, etc.), d'expressions faciales (visage neutre, souriant, en colère, etc.), d'occultations partielles (lunette, chapeau, etc.) et les conditions d'acquisition des images (éclairage, direction des sources de lumière, etc.). La littérature [22] reporte plus de 150 méthodes de détection de visages qui peuvent être regroupées en quatre catégories:

- Méthodes basées sur les connaissances,
- Méthodes basées sur l'extraction de caractéristiques invariantes,
- Méthodes basées sur l'appariement de gabarit,
- Méthodes basées sur l'apparence.

Quant à la localisation de visages, elle est un cas particulier de la détection pour lequel on suppose que l'image d'entrée ne contient qu'un seul visage et on cherche sa position.

II.5.2 Détection des éléments faciaux

La détection des éléments faciaux vise à détecter la présence et après la localisation des différents éléments du visage tels que: les yeux et les sourcils, le nez, les narines, la bouche, les commissures, etc. en supposant l'unicité du visage dans l'image à traiter. Cette partie sera détaillée dans le paragraphe II.7 de ce chapitre.

II.5.3 Suivi de visages et d'éléments faciaux

A partir d'une séquence vidéo, le suivi de visages consiste à estimer la localisation et l'orientation d'un visage en temps réel. Les méthodes réalisant cette application peuvent être répertoriées en 3 catégories [14]: **i) le suivi de la tête** qui revient à suivre un objet rigide en rotation et en translation, **ii) le suivi des éléments caractéristiques du visage**; il consiste à suivre des déformations non rigides dues à la parole, aux expressions faciales et aux contractions et relaxations des muscles en utilisant des limites ou des régions contenant les éléments du visage. Le suivi de contours (feature boundary), par exemple, vise à suivre les mouvements et à délimiter la forme des éléments du visage tels que les sourcils et les yeux (figure II.5) et **iii) le suivi total (complete tracking)** qui combine les deux catégories précédentes. Pour plus de détails concernant le suivi d'éléments faciaux, le lecteur peut se référer à [24].

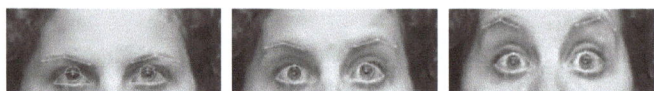

Figure II.5. *Suivi des sourcils et des yeux [24].*

II.5.4 Reconnaissance d'expressions faciales

La reconnaissance d'expressions faciales a pour but l'identification de l'état affectif d'une personne. Le résultat est l'une des expressions innées correspondantes aux sept émotions suivantes : la neutralité, la joie, la tristesse, la surprise, la peur, la colère et le dégoût.

II.5.5 Synthèse automatique de visages

La prédiction et la synthèse automatique de visages trouve des applications à des fins de capture de fugitifs, de la recherche d'enfants perdus depuis plusieurs années, la mise à jour des bases de données des employés et la reconnaissance de visages indépendamment des variations de l'âge. La synthèse de visages humains à partir des photos proposée dans [25] vise la prédiction de l'âge de la personne. Quant à la synthèse et la reconnaissance de visages proposées dans [26], elle consiste à synthétiser des photos dessinées (photo-sketch) proches de celles dessinées par un artiste. La reconnaissance, dans ce cas, est effectuée en utilisant les photos synthétisées.

II.6 Approches de la reconnaissance de visages

Plus de 4 décennies de recherche ont conduit à de nombreux systèmes de reconnaissance de visages basés sur différentes méthodes que l'on peut regrouper en trois catégories à savoir [14]:

II.6.1 Approches basées sur les éléments faciaux ou approches locales

Les approches géométriques sont les premières approches proposées dans cette catégorie et en reconnaissance de visages. Elles consistent à localiser différents points faciaux et calculer ensuite des mesures géométriques entre eux (longueur, largeur, distances, rapports de distances, angles, etc.) [15][27][28]. Cela à partir des vues de faces [21][31], de profil [30], où les deux [29]. Parmi les méthodes de cette catégorie, nous comptons:

- Le système de Kanade [15] utilisant 16 mesures géométriques a donné un taux de reconnaissance de 75% sur une base de 20 personnes contenant 40 images.

- Brunelli et Poggio [28] ont réalisé un système de reconnaissance faciale après l'extraction automatique de 35 distances. A l'aide du classificateur de

Bayes, ils arrivaient à un taux de reconnaissance de 90% sur une base contenant 188 images de 47 personnes.

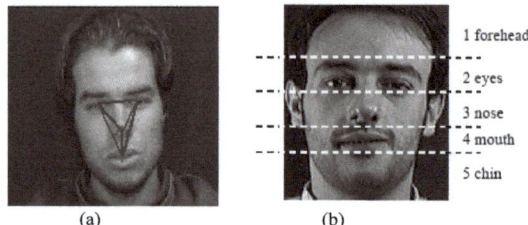

(a)   (b)

Figure II.6. (*a*) *Exemple de six distances entre les éléments du visage [31] et* (*b*) *Bandes faciales [32].*

- Cox et al. [27] ont proposé un système basé sur un mélange de distances (Mixture Distance). Ils avaient extrait manuellement 30 distances de 685 individus et arrivaient à un taux de reconnaissance de 95%.

- Harmon et al. [30] ont utilisé 17 caractéristiques faciales à partir des vues de profil. Leur méthode arrivait à reconnaître 96% d'une base de 112 personnes.

- Deux autres méthodes géométriques utilisant un PMC ont été proposées. L'une pour la vérification [33] et l'autre pour l'identification de visages [31] en utilisant respectivement six et huit distances entre les yeux, le nez et la bouche (voir la figure II.6(a)).

- Une autre méthode, très importante, basée sur les Modèles de Markov Cachés (HMM) a été proposée en 1994 par Samaria [32]. Après avoir partitionné les visages de la base ORL en bandes (figure II.6(b)), la méthode HMM monodimensionnel (One-Dimensional HMMs) a donné un taux de 87% et la méthode HMM pseudo 2D (Pseudo Two- Dimensional HMMs) un taux de 95%.

- L'algorithme Elastic Bunch Graph Matchning (EBGM) [71] consiste, en premier lieu, à localiser des points caractéristiques du visage (coins des yeux, de la bouche, nez, etc.), ensuite un treillis élastique virtuel est appliqué sur l'image de visage à partir de ces points. Chacun de ces points représente un nœud labélisé auquel on associe un jeu de coefficients d'ondelettes complexes de Gabor, appelé Jet. Pour effectuer une reconnaissance avec une image test, on fait une mesure de similarité entre les différents Jets et les longueurs des segments du treillis de deux images. L'algorithme EBGM a été appliqué également sur des séquences vidéo [34].

Les capacités des approches locales sont limitées. Cela est dû essentiellement à l'occultation de certaines caractéristiques faciales (vue de profil, port de lunette, moustache, cache-nez, etc.) et aux algorithmes de localisation des éléments faciaux qui sont jusqu'à présent peu performants.

II.6.2 Approches globales

Les approches globales utilisent l'information apportée par le visage entier sans segmenter ses parties. Chaque visage de la base de données, représenté par une matrice de n lignes et m colonnes, doit être transformé en vecteur par une simple concaténant des lignes ou des colonnes. Le vecteur obtenu de dimension $(n \times m, 1)$ sera fournis au classificateur pour la reconnaissance. Ces méthodes souffrent de la malédiction de la dimension (curse of dimentionality), c'est pourquoi plusieurs techniques de réduction de dimensions linéaires et non linéaires ont été adoptées dans les systèmes de reconnaissance de visages. Parmi lesquelles, l'analyse en composantes principales (ACP), l'analyse discriminante linéaire (ADL), l'analyse en composantes indépendantes (ACI) et l'ACP à noyau, etc. L'application de ces techniques a mené à différentes approches telles que eigenfaces [16], Fisherfaces [36], Subspace LDA [20][37], ICA [38], Evolution Pursuit [44], etc. D'autres représentation ont été, également, proposées à savoir PDBNN (Probabilistic Decision Based Neural Network) [45], Feature line [46], Tensorfaces [47] et Laplacianfaces [48], etc. Une autre classe de cette catégorie est les approches globales bidimensionnelles basées sur l'utilisation directe des matrices 2D [49][51][55].

Les performances des approches globales dépendent énormément des conditions d'éclairage, des expressions faciales, de la pose de la tête, des occultations partielles et de l'échelle des visages, etc. Dans les paragraphes suivants, nous allons détailler, en premier lieu, les deux algorithmes populaires; eigenfaces et Fisherfaces avant de passer aux approches bidimensionnelles.

II.6.2.1 Eigenfaces

Sirovitch et Kirby [14][16], en 1987, étaient les premiers à utiliser l'ACP pour coder efficacement les images de visages avec ce qu'ils appelaient « eigenpictures». Leur travail a motivé Turk et Pentland en 1991 [16] à introduire leur méthode « eigenfaces » pour la détection et la reconnaissance de visages. Les eigenfaces sont les vecteurs propres de la matrice de covariance des images de visages ressemblant aux visages d'où le nom. Cet algorithme est devenue l'approche la plus utilisée dans ce domaine jusqu'à le considérer une référence par rapport à laquelle les chercheurs comparent leur approches comme les études menées dans [49][58]. En plus, eigenfaces est souvent combiné avec d'autres algorithmes tels que l'ACI [59] et les moments de Zernike dans [60].

a) Algorithme

Nous avons résumé et simplifié la méthode des eigenfaces proposée dans [16] par l'algorithme II.1 [82] utilisant une formulation matricielle. Si nous disposons d'une base de M images de visages en niveau de gris avec plus d'une image par personne, les matrices de visages $X_j(n \times m)$ doivent être transformées en vecteurs $\Gamma_j(n \times m, 1)$.

Nous avons appliqué dans [82] cet algorithme sur la base de visages du LAIG présentée et détaillée dans l'annexe A. Cette application nous a permis d'obtenir des eigenfaces (visages propres) et de reconstruire les images de visages en fonction de différents nombres de vecteurs propres retenus. La figure II.7 illustre des exemples de cette application.

Algorithme II.1 : Eigenfaces
   Entrées: vecteurs des images Γ_j avec $j = 1, \cdots, M$
   Sorties: eigenfaces et composantes principales

---

1. Former un ensemble de M vecteurs images: $P = [\Gamma_1 \Gamma_2 \cdots \Gamma_M]$,

2. Calculer le visage moyen ψ selon: $\psi = \dfrac{1}{M} \sum_{j=1}^{M} \Gamma_j$,

3. Soustraire à chaque vecteur de visage le visage moyen: $\Phi_j = \Gamma_j - \psi$,
   Rassembler ces vecteurs dans la matrice A telle que : $A = [\Phi_1 \Phi_2 \cdots \Phi_M]$,

4. Calculer les valeurs propres λ_j et les vecteurs propres v_j de la matrice $L = A^T.A$
   de taille $(M \times M)$,

5. Trier les valeurs propres en ordre décroissant et retenir d vecteurs propres
   correspondant à d valeurs propres les plus grandes
   Rassembler ces d vecteurs propres dans une matrice : $V = [v_1 v_2 \cdots v_d]$,

6. Calculer les vecteurs propres de la matrice de covariance $C = A.A^T$ selon:
   $U = A.V$,

7. Projeter les vecteurs de visages dans le nouvel espace de visages: $W = U^T.A$

8. (optionnel) Reconstruire les images de visages: $\tilde{A} = U.W$ en ajoutant à chaque
   colonne le visage moyen ψ.

---

b) Limitations

Malgré son efficacité, la méthode eigenfaces souffre des problèmes suivants :

- Les trois premières composantes principales retiennent les variations dues à l'éclairage et aux expressions faciales [36],

- Eigenfaces est plus adaptée à la représentation de visages qu'à leur classification [37],

- Eigenfaces dépend du nombre de vecteurs propres retenus,

- La matrice de covariance totale est très coûteuse en temps de calcul et en espace mémoire.

Pour remédier au dernier problème, Turk et Pentland [16] ont proposé une technique de calcul (étape 4,5 et 6 de l'algorithme II.1) permettant le passage d'une matrice de covariance de taille $(n \times m, n \times m)$ à une autre matrice de taille $(M \times M)$ où $M \prec\prec (n \times m)$ est le nombre des images de visages de l'ensemble d'apprentissage. Cette technique donne un gain aussi bien en temps de calcul qu'en espace mémoire.

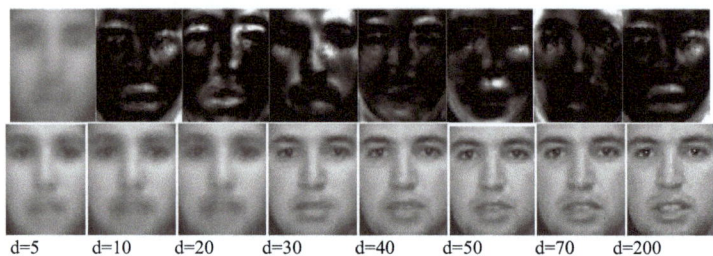

d=5   d=10   d=20   d=30   d=40   d=50   d=70   d=200

Figure II.7. *1ère ligne : image moyenne et exemples de eigenfaces de la base du LAIG, 2ème ligne :*
reconstruction des images de visages en fonction des vecteurs propres [82].

c) Choix du nombre de vecteurs propres à retenir

Le nombre de vecteurs propres associés aux plus grandes valeurs propres à retenir
est un grand défaut des eigenfaces. Pour le choisir, les chercheurs ont adopté
différentes solutions:

- Pour un ensemble de 115 images, Sirovitch et Kirby ont trouvé que 40
  eigenpictures sont suffisantes pour représenter efficacement cet ensemble,

- Turk et Pentland [16] ont choisi, heuristiquement, 7 valeurs propres pour
  une base de 16 individus,

- Moghaddam [61] a préservé, pour comparer différentes approches de
  reconnaissance de visages, 20 vecteurs propres en justifiant son choix par
  une erreur de reconstruction raisonnable (0.0012) et un taux de
  reconnaissance 80% obtenu par eigenfaces sur une base de 1829 images,

- Zhao et al. [20] ont retenu 300 vecteurs propres pour une base de 1038
  images. Cela, après avoir observé que pour un nombre très élevé, les
  eigenfaces ne représentent pas des visages. Leur choix était, donc, basé sur
  l'allure des eigenfaces au lieu des valeurs propres.

Pratiquement, le choix du nombre de vecteurs propres peut se faire:

i) en fixant un certain pourcentage (par exemple 5%) tel que [37] :

$$\frac{\sum_{i=d+1}^{n} \lambda_i}{\sum_{i=1}^{n} \lambda_i} \prec p$$

avec n : Nombre total des valeurs propres.

  λ : Valeur propre.

ou **ii)** en se basant sur le fait que la $i^{ème}$ valeur propre est égale à la variance le long de la $i^{ème}$ composante principale et on cherche donc d le long du spectre des valeurs propres (eigenvalue spectrum) (figure II.8) juste avant qu'il s'annule [61][10].

La figure II.8 illustre le spectre des valeurs propres obtenu en appliquant eigenfaces sur la base de visages du LAIG (nous avons utilisé 200 images de visages pour l'apprentissage).

Donc, les d premiers vecteurs propres correspondant à d valeurs propres les plus grandes est un paramètre critique sur lequel dépend les performances du système de reconnaissance de visages (temps de calcul et taux de reconnaissance) et aussi un critère d'évaluation [61][62] des méthodes basées sur l'ACP. Son choix dépend des contraintes d'application liées au temps de calcul et au nombre des images de visages disponibles [61] et aussi de la qualité des images de visages reconstruites [49].

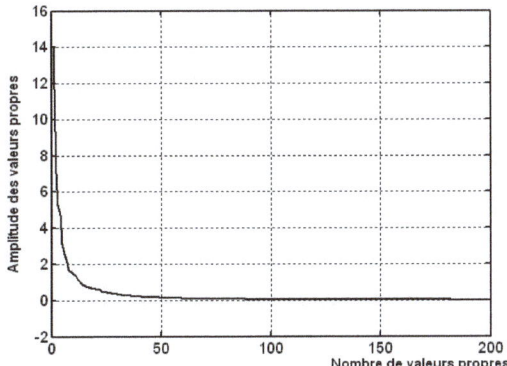

Figure II.8. *Décroissance des valeurs propres obtenues par eigenfaces [82].*

II.6.2.2 Analyse discriminante linéaire (ADL)

Plusieurs avantages font de l'ADL un algorithme très attractif dans le domaine de la reconnaissance de visages [20][63]:

- l'ADL possède un pouvoir discriminant qui dépasse celui de l'ACP,
- l'ADL est un bon classificateur pour les données linéairement séparables,
- l'ADL est facile à implémenter.

Cependant, l'ADL souffre du problème de la singularité de la matrice de covariance intra-classe S_w du au fait que le nombre de visages disponibles pour l'apprentissage est très inférieur comparé à la dimension des vecteurs de visages. Pour corriger ce problème, Swets et Weng [37] ont proposé « la projection discriminante de Karhunen-Loève: Discriminant Karhunen-Loève Projection ». Belhumeur et al. [36] ont introduit une méthode dite Fisherfaces, une dérivée de la discrimination linéaire de Fisher. Zhao et al. [20][63] ont remplacé la matrice de covariance intra-classe S_w par $(S_w + \Delta \cdot I)$ où Δ est une petite constante positive choisie pour que $(S_w + \Delta \cdot I)$ soit strictement définie positive. Cette technique corrige, non seulement, le problème de la singularité de S_w mais permet également d'appliquer l'ADL en présence d'un seul exemple par classe.

D'autres méthodes ont été proposées pour pallier le problème de singularité à savoir l'ADL Pseudo-Inverse [39], Regularized LDA [40] et une SVD généralisée [41]. Pour augmenter le pouvoir discriminant après avoir appliqué l'ACP suivie de l'ADL, d'autres techniques ont été introduites. Parmi lesquelles nous citons Direct-LDA [42] et Null-Space LDA [43].

Après avoir appliqué l'ADL, Zhao et al. [20][63] ont conclu qu'elle n'est pas performante pour les trois cas suivants: **i)** les images de test appartiennent à des personnes qui n'ont pas participé à l'apprentissage, **ii)** les classes d'apprentissage contiennent des exemples largement différents et **iii)** la présence de différents arrières plans.

De nouvelles approches utilisant une représentation bidimensionnelle basée sur l'ADL ont été introduites [51][52][53]. Elles ont l'avantage d'être plus performantes que l'ADL, ne souffrent pas du problème de la singularité et diminuent le temps de calcul.

II.6.2.3 Fisherfaces

Fisherfaces est une méthode dérivée de la discrimination linéaire de Fisher. Elle a été proposée par Belhumeur et al. [36] à des fins de reconnaissance de visages en présence des variations d'illumination et d'expressions faciales. Son principe consiste à corriger le problème de singularité de la matrice de covariance intra-classes en proposant une alternative au critère de Fisher. Cela en appliquant l'ACP pour réduire la dimension de l'espace caractéristique à $(M-C)$ suivie de l'ADL pour réduire la dimension à $(C-1)$ où M est le nombre d'exemples d'apprentissage et C le nombre de classes.

L'algorithme II.2 [82] explique les étapes de la méthode Fisherfaces.

Algorithme II.2: Fisherfaces
    Entrées: vecteurs des images Γ_j avec $j = 1, \cdots, M$
    Sorties: Fisherfaces et composantes principales

---

1. Former un ensemble de M vecteurs images centrés et répartis en C classes:

$$P = \left[\Gamma_1^{(1)} \Gamma_2^{(1)} \cdots \Gamma_{n_1}^{(1)} \Gamma_1^{(2)} \Gamma_2^{(2)} \cdots \Gamma_{n_2}^{(2)} \cdots \Gamma_1^{(C)} \Gamma_2^{(C)} \cdots \Gamma_{n_C}^{(C)} \right]$$

2. Appliquer l'ACP pour trouver la matrice de projection W_{PCA} telle que:

$$W_{PCA} = \arg\max_W \left| W^T S_T W \right| \quad \text{avec} \quad S_T = \sum_{j=1}^{M} \left(X_j - \overline{X} \right)\left(X_j - \overline{X} \right)^T$$

3. Appliquer l'ADL pour trouver W_{FDL} : $W_{FLD} = \arg\max_W \dfrac{\left| W^T W_{PCA}^T S_B W_{PCA} W \right|}{\left| W^T W_{PCA}^T S_W W_{PCA} W \right|}$

4. Calculer la matrice de projection optimale : $W_{opt}^T = W_{FLD}^T . W_{PCA}^T$

5. Projeter les vecteurs de visages dans le nouvel espace de visages: $Y = W_{opt}^T . X$

L'application de Fisherfaces [36] sur deux bases de visages à savoir la base Harvard et la base de Yale montre sa supériorité comparée à la méthode de corrélation et aux eigenfaces avec et sans les trois premières composantes principales.

II.6.2.4 Approches bidimensionnelles

L'idée de ces méthodes globales est d'utiliser directement les matrices de visages sous leur forme 2D sans avoir à les transformer en vecteurs 1D comme pour les méthodes classiques. Cependant, les algorithmes de base utilisés sont soit l'ACP et/ou l'ADL. La première technique basée sur l'information 2D est l'ACP bidimensionnelle (ACP2D) de Yang [49]. Suivie de l'analyse discriminante de Fisher bidimensionnelle qui est la même que l'ADL bidimensionnelle (ADL2D) [51][52]. Depuis la publication de l'article de Yang [49], la tendance est d'appliquer et/ou de s'inspirer de l'idée 2D que ce soit avec une projection linéaire ou non linéaire. Nous donnons dans le tableau II.1 un bref aperçu de quelques méthodes 2D dans le but d'initier le lecteur désirant approfondir ses connaissances dans ce domaine. Le chapitre III détaille quelques une de ces méthodes.

TABLEAU II.1 Méthodes globales bidimensionnelles.

Méthodes 2D	Année	Bases de test
ACP2D [49]	2004	ORL, AR et Yale
ADL2D [51][52]	2005	ORL et Yale
ACP2D bilatérale [50]	2005	ORL et UMIST
ACP2D à noyau [50]		
ADF2D bilatérale [53]	2005	ORL, Yale B et UMIST
ADF2D à noyau [53]		
ACP2D alternative [80]	2005	ORL et FERET
(2D)^{2}PCA [80]		
ADL2D bilinéaire [54]	2005	PF01
DiaPCA [81]	2006	FERET
DiaPCA+2DPCA [81]		
Neuro-ACPDL2D [55][56][82]	2007	Base du LAIG
(2D)^{2}PCALDA [83]	2009	ORL et Yale
Sequential row-column ICA [57]	2009	Yale B et FERET
V2DPCA [84]	2011	ORL et Yale

II.6.3 Approches hybrides

Le principe de cette catégorie consiste à hybrider les approches basées sur les éléments faciaux et les approches globales imitant ainsi le système visuel humain qui utilise les informations globales et les composantes locales pour la perception des visages. Au sommet de ces méthodes on trouve « Modular eigenspaces » proposée par Pentland et al. en 1996 [64] qui consistait à combiner les eigenfaces et les eigenfeatures. Testée sur une base de 45 personnes avec deux vues pour chacun, le visage neutre pour l'apprentissage et le visage souriant pour le test, « Modular eigenspaces » donnait un taux de 98% dépassant ainsi celui des eigenfaces et des eigenfeatures.

Visani et al. [54] ont proposé « l'Analyse Discriminante Bilinéaire Modulaire (MBDA) » où l'ADL bilinéaire est appliquée sur trois régions faciales: la première région contient tout le visage, la deuxième contient les sourcils, les yeux et le nez et la troisième ne contient que les sourcils et les yeux. Les auteurs reportent une supériorité de leur méthode sur Modular eigenspaces particulièrement en présence des variations dans les expressions faciales et la pose de la tête.

Nous avons proposé dans [56][82] Neuro-ACPDL2D; une technique hybride combinant l'ACP2D et l'ADL2D et un perceptron multi-couches entrainé par l'algorithme de backpropagation pour la classification. Neuro-ACPDL2D a été appliquée sur le visage entier, la région des yeux et la région du nez.

A notre connaissance, Brunelli et Poggio [28] sont les seuls qui ont comparé, sur une même base de visages, une méthode géométrique et une méthode hybride (fusion des résultats). Cette comparaison a démontré la supériorité de la méthode hybride avec un taux de reconnaissance de 100%.

II.7 Problèmes d'illumination et de pose

Les expressions faciales (figure II.9), les occultations partielles, le style de coiffure, les accessoires, les produits cosmétiques, le vieillissement, etc. sont des facteurs qui influencent les performances des systèmes de reconnaissance de visages. Les chercheurs tentent de proposer des méthodes assez robustes en les testant en présence de différents problèmes, notamment les expression faciales, l'éclairage, la pose de la tête et le temps [36][49][65][66][67].

Figure II.9. *Variations d'expressions faciales d'une personne de la base ORL.*

Cependant, en présence d'importantes variations de pose et d'éclairage les performances des systèmes se dégradent fortement. C'est pourquoi, ces deux problèmes en particulier sont considérés majeurs [35]. Selon Moses et al. [68]: « les variations dues à l'illumination et à la direction de la prise de vue, entre les images d'un même visage, sont plus importantes que celles entre les visages de personnes différentes ». Ces variations peuvent être dues à l'endroit d'acquisition des images (à l'intérieur ou à l'extérieur), à la direction et au nombre de sources de lumière utilisées, etc. Des variations d'illumination extrêmes peuvent occulter partiellement le visage comme le montre la figure II.10.

D'après l'évaluation du protocole FRVT 2000 [14], le passage d'un éclairage intérieur (base d'apprentissage) à un autre extérieur (base de test) conduit à une baisse significative des performances (taux d'identification est 0.55 pour le meilleur algorithme testé). Pour corriger le problème des variations d'illumination, des techniques heuristiques, entre autres, ont été appliquées: la normalisation du contraste [65], la normalisation d'intensité et l'égalisation d'histogramme [69] et l'élimination des 3 premières composantes principales qui capturent les variations d'éclairage [36][66]. Très récemment [67], l'algorithme « nearest feature space embedding » a été introduit. La distance entre un point et la ligne caractéristique la plus proche est intégrée dans la transformation via l'analyse discriminante.

Les variations de pose entre ± 25° n'affectent pas significativement les performances des systèmes. Par contre à partir de ± 40° (figure II.11), la dégradation des performances est significative [35].

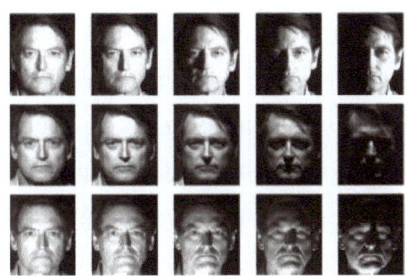

Figure II.10. *Extrait de la base Harvard montrant l'effet de l'éclairage sur la même personne [36].*

Pour traiter ce problème, on distingue entre les approches basées sur plusieurs vues (Multiview-based Approches) [70], les approches hybrides (Hybride Approches) [64][71] et les approches basées sur une seule image (single-image based approaches) [72]. Ces dernières, ne motivent pas vraiment les chercheurs parce qu'elles sont complexes et couteuses en temps de calcul [14].

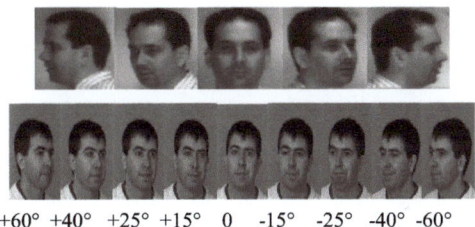

+60° +40° +25° +15°   0   -15° -25° -40° -60°

Figure II.11. *1ère ligne: plusieurs vues d'un visage utilisées pour appliquer view-based eigenspace [64] et 2ème ligne: un visage de la base FERET avec des vues orientées.*

Parmi les méthodes basées sur plusieurs vues, celle de Beymer [70] qui consistait à représenter les visages par des modèles formés à partir de différentes vues de l'intervalle (-30°,-20°, +20°, +30°) et à comparer le visage inconnu avec uniquement les modèles de la même vue. Cette méthode arrivait à reconnaître 98% d'une base de 62 personnes avec 15 modèles pour l'apprentissage et 10 pour le test. Cependant, les approches de cette catégorie [14]: **i)** nécessitent d'avoir une base de visages contenant plusieurs vues par personnes ce qui n'est pas toujours disponible, **ii)** ne traitent pas le problème des variations de l'éclairage et d'expressions faciales et **iii)** sont coûteuses en temps de calcul.

Quant aux approches hybrides, elles sont les plus populaires et nécessitent plusieurs vues pour l'apprentissage tandis qu'une seule vue pour le test peut suffire. Parmi lesquelles, «View-Based Eigenspace » [64]; une extension de la méthode eigenfaces. Elle consiste à représenter chaque vue par un sous espace capturant la variation des individus présentant la même vue ce qui donne M sous espaces pour M vues. Pour évaluer leur méthode, Pentland et al. ont effectué deux expériences sur une base de 21 personnes avec 9 vues pour chacun. Pour le 1^{èr} test, les vues de l'intervalle (±90°, ±45°,0) ont été utilisées pour l'apprentissage et celles de (±68°, ±23°) pour le test ce qui a abouti à un taux de 90%. La 2ème expérience a donné 83% avec des vues appartenant à l'intervalle (-90°, 0, -45°) pour l'apprentissage et allant de +68° à +90° pour le test.

II.8 Extraction des éléments caractéristiques du visage

La localisation d'éléments faciaux (yeux, nez, bouche, etc.) a une importance primordiale pour la détection et le suivi de visages, la reconnaissance des expressions faciales et la reconnaissance de visages. Toutes ces applications sont d'autant plus performantes que la localisation est plus précise.

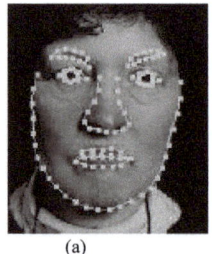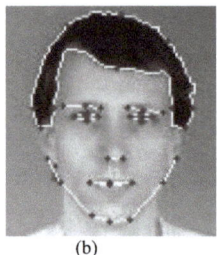

(a)   (b)

Figure II.12. *Exemples de localisation de: (a) 122 et (b) 40 points caractéristiques.*

Souvent la localisation des éléments et la détection de visages s'effectuent simultanément c'est-à-dire détecter un visage en localisant ses éléments ou localiser les éléments pour détecter un visage. La localisation peut se faire manuellement [27] ou automatiquement [15][28] à partir des images de vue de face [21] (figure II.12) ou de visages orientés [64] (figure II.14). Dans tous les cas, un algorithme de localisation donne des points caractéristiques (coins des yeux et centre des iris, centre de la bouche, narines, commissures, etc.) [23][24] ou des contours [24][73]. Il est également possible d'extraire des régions contenant les différents éléments faciaux [64].

Les yeux sont les plus visés par ces algorithmes vu qu'ils sont discriminants [28], servent à aligner les images de visages avant de les utiliser [20] et donnent une estimation de l'orientation de la tête suivis de la bouche et du nez. Ces derniers dépendent souvent de la localisation des yeux si l'algorithme est basé sur les relations géométriques du visage ou sur l'intensité des images [21][23].

Généralement, on peut répertorier les approches de localisation des éléments faciaux en trois catégories [14]:

II.8.1 Méthodes basées sur les modèles de caractéristiques

Les méthodes basées sur les modèles de caractéristiques consistent à assigner des modèles prédéfinis ou déformables [22] aux différents attributs faciaux. Parmi lesquelles les approches proposées par Hallinan [74] et Funabiki et al. [73] pour détecter les yeux et par Yuille et al. [75] pour les yeux et la bouche. Les limitations de cette catégorie sont dues principalement à la variance des éléments à modéliser (yeux fermés, bouche ouverte, etc.) et à leur occultation.

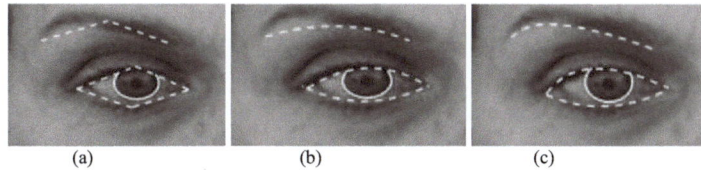

(a)　　　　　　　　(b)　　　　　　　　(c)

Figure II.13. *(a) Modèle à deux lignes, (b) Modèle à 2 paraboles, (c) Modèle à une courbe de Bézier pour le contour supérieur et une parabole pour le contour inférieu [24].*

II.8.2 Méthodes basées sur la similitude structurelle (Structural matching)

Comparées aux méthodes précédentes, les méthodes de cette catégorie sont plus robustes pour la détection des éléments du visage. Parmi lesquelles, nous comptons le modèle actif de forme (Active Shape Model) de Cootes et al. [76], le modèle flexible d'apparence (Flexible Appearance Model) proposé par Lanitis et al. [77] et le modèle actif d'apparence (Active Appearance Models) de Cootes et al. [78].

II.8.3 Méthodes génériques

Les méthodes génériques sont basées sur les lignes et les contours [79] et sur les contours actifs [21] dont l'inconvénient majeur est l'initialisation des courbes.

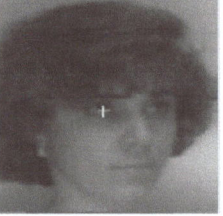

Figure II.14. *Détection des yeux par DFFS [64].*

Dans la représentation eigenfeatures [64], l'erreur de reconstruction : DFFS (Distance From Face Space) a été utilisée pour détecter les yeux, le nez et la bouche à partir des vues de face. Son extension ; la représentation « View-based eigenspace » a permis également une détection à partir des visages orientés (±68°, ±23°). Le taux de détection des yeux était 90%, cependant, il se dégrade dans les cas du nez et de la bouche à cause des variations de la forme et de la pose de la tête.

II.9 Reconnaissance de visages tridimensionnelle

La reconnaissance de visages 3D effectue l'identification d'individus à partir de la forme 3D du visage. La figure II.15 présente un exemple de visages 3D avec différentes poses. En plus de l'identification, le modèle 3D peut être, également, utilisé pour l'authentification de personnes et la reconstruction de visages [11][85]. Les algorithmes développés dans le domaine de la reconnaissance faciale 3D sont une solution prometteuse améliorant les performances des systèmes de reconnaissance faciale 2D souffrant notamment du changement d'éclairage et de pose. L'avantage principal des approches 3D réside dans le fait que le modèle 3D conserve toutes les informations sur la géométrie du visage, ce qui permet d'avoir une représentation réelle de ce dernier.

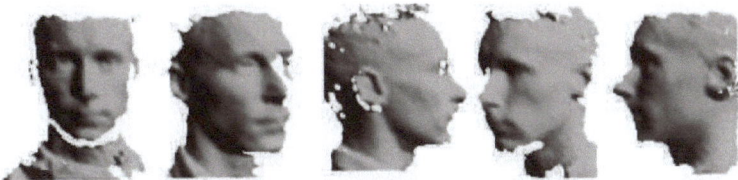

Figure II.15. *Exemples de visages 3D de la base de « * The university of York *» avec des variations de pose.*

Les techniques de reconnaissance 3D de visages peuvent être regroupées en trois catégories principales [11]: i) **approches basées modèle**, ii) **approches 3D** subdivisées en approches basées surface qui utilisent la géométrie de la surface du visage et approches holistiques 3D et iii) **approches multimodales 2D + 3D**. Cependant le nombre de publications couvrant la reconnaissance de visages exploitant des images de profondeur est assez réduit. Cela est dû à la lourdeur du processus d'acquisition et de la non-disponibilité de grandes bases de visages 3D.

II.10 Evaluation des systèmes de reconnaissance automatique de visages

La disponibilité d'outils informatiques puissants, la mise en œuvre des programmes d'évaluation et la disponibilité de différentes bases de visages ont contribué à l'avancement des recherches et au développement de nouveaux algorithmes de reconnaissance. Nous résumons ci-après les protocoles d'évaluation :

- Le **programme FERET** [18] dont la première évaluation remonte à août 1994 a attiré neuf institutions et compagnies. Il visait le test des algorithmes destinés à localiser, normaliser et identifier automatiquement les visages dans les contextes de vérification et d'identification. La 2ème et la 3ème évaluation ont été réalisées en mars 1995, septembre 1996 et mars 1997 respectivement. Les tests menés sur la base FERET ont démontré la supériorité de trois algorithmes à savoir : probabilistic eigenfaces de MIT, subspace LDA [20][63] et Elastic Graph Matching [71].

- Les protocoles d'évaluations « **Face Recogntion Vendor Test** »; FRVT 2000 et FRVT 2002 [35] sont deux autres évaluations de logiciels mis au point par plusieurs laboratoires et industries. Cinq compagnies (Banque-Tec International Pty.Ltd, C-Vis Computer Vision and Automation GmbH, Miros Inc., Lau Technologies and Vision Corportaion) ont participé au premier et dix participants (Identix, Viisage Technology, Imagis Technologies Inc., Iconquest, etc.) au deuxième. L'évaluation a été menée sur la base de visages HCInt comportant 121589 images de 37437 personnes que ce soit en mode d'identification, de vérification ou en celui de watch list. En plus des variations de l'éclairage et de la pose de la tête, le protocole FRVT 2002 reporte d'autres facteurs qui influencent les performances des systèmes de reconnaissance faciale à savoir le temps, l'âge, le sexe et la taille de la base de visages. Un an d'écart entre les images d'apprentissage et celles de test entraîne une baisse de 5%. Les taux de reconnaissance des hommes dépassent ceux des femmes. Pour l'âge, les meilleurs systèmes ont donné un taux de 74% (en moyenne) pour les personnes âgés de 38-42 ans et 62% pour les jeunes entre 18-22 ans. Quant à la taille de la base, les taux sont 85% pour 800 personnes, 83% pour 1600 et 73% pour 37437 personnes.

- **Face Recognition Grand Challenge (FRGC)** [86] vise à améliorer les performances des systèmes de reconnaissance faciale en termes d'erreur vis-à-vis du protocole FVRT 2002. Pour cela trois points à considérer : les images de grandes résolution, la reconnaissance 3D et les nouvelles techniques de prétraitement. Six expériences ont été conduites sur une base de 50000 images prises dans des conditions d'illumination contrôlées et non contrôlées pour étudier l'effet du nombre d'images par personne et comparer les algorithmes 2D et 3D.

- Le protocole **FRVT 2006** [13] combiné avec l'ICE 2006 (Iris Challenge Evaluation) est la première évaluation et comparaison de plusieurs techniques biométriques. Cette évaluation ne s'est pas limitée aux techniques de reconnaissance 2D du visage mais inclus aussi les techniques de reconnaissance faciale 3D et de l'iris. Dans FRVT 2006 les performances de reconnaissance de l'être humain ont été comparées vis-à-vis des algorithmes de reconnaissance automatique. Les résultats montrent que pour des images acquises dans des conditions d'illumination variables et pour des faibles taux de fausses alarmes, sept algorithmes de reconnaissance automatique sont comparables ou dépassent les humains. Cependant, il y a trois algorithmes parmi les sept qui sont comparables ou plus performants que les humains pour tout l'intervalle des taux de fausses alarmes (voir la courbe ROC de la figure II.16).

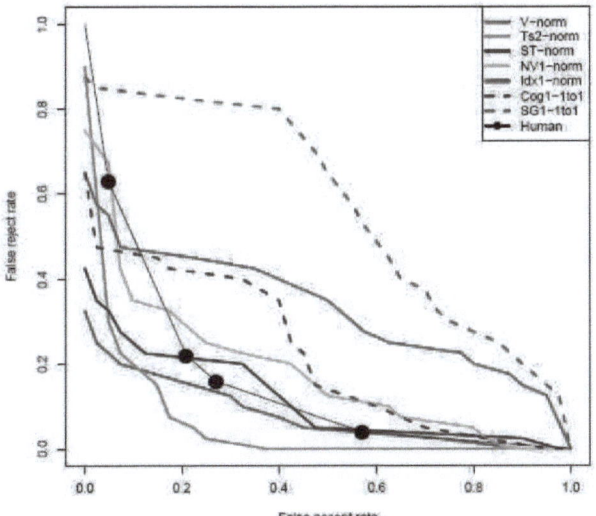

Figure II.16. *Courbe ROC de sept algorithmes de reconnaissance automatique de visages vis-à-vis de la reconnaissance humaine sous des variations d'illumination [13].*

- Récemment, le NIST (National Institute of Standards and Technology) a proposé deux autres évaluations à grande échelle; **Multiple Biometric Grand Challenge** (MBGCv1 2008 et MBGCv2 2009) [88]. Les organisateurs se sont intéressés dans cette campagne à deux problèmes majeurs dans la vérification des visages de face dans les conditions contrôlées et dans les conditions dégradées et la variation des performances suivant la résolution des images de test.

En résumé, l'évaluation d'un système de reconnaissance de visages peut dépendre:

1. **de la méthode appliquée** (globale, basée sur les éléments du visage ou hybride): les méthodes basées sur les éléments du visage nécessitent des images de grandes tailles et des algorithmes précis de détection et de localisation, tandis que les méthodes globales exigent des méthodes d'extraction de caractéristiques et de réduction de dimensions,

2. **de la base de visages utilisée** : les résultats diffèrent, pour une même méthode, selon la taille et les conditions d'acquisition des images de visages (éclairage intérieur ou extérieur, expressions faciales, occultations, etc.),

3. **du nombre d'images pour chaque personne** : l'ADL est plus perfo aprmante que l'ACP, mais ne peut pas s'appliquer si la base contient une seule image par personne. La performance du classificateur dépend, également, du nombre d'images par personne utilisées pour l'apprentissage,

4. **du prétraitement et de la mesure de similarité** : dans le cas de la règle du plus proche voisin par exemple, l'ADL appliquée sur des images centrées réduites (ZMUV : Zero Mean Unit Variance) est plus performante que l'ADL avec une égalisation d'histogramme [20][63]. L'ACI appliquée avec la distance cosinus (cosine distance) au lieu de la distance euclidienne est plus performante que l'ACP [38][59]. Cependant avec la norme L_2, les deux méthodes sont similaires, ceci peut être justifié, en plus de la distance utilisée, par l'élimination des arrières plans et des cheveux [61][62].

II.11 Conclusion

Nous avons mené, dans ce chapitre, un état de l'art sur la reconnaissance faciale qui nous a permis de se rendre compte de l'importance du visage dans le marché de la biométrie et de la richesse de ce domaine, en pleine expansion, depuis les premiers travaux du japonais Kanade datant de 1973 jusqu'aujourd'hui.

En résumé, nous pouvons conclure que malgré l'avancement des recherches dans ce domaine et notamment les résultats du protocole d'évaluation FVRT 2006 [13] montrant que la reconnaissance automatique peut égaler ou dépasser les capacités de l'humain, également la disponibilité de plusieurs bases de visages et d'outils informatiques puissants reconnaître automatiquement une personne, à partir de son visage, reste un grand défi. Cela peut être justifié par les variations inter et intra visages dues, entre autres, à la complexité de la forme du visage et aux conditions d'illumination, etc.

Chapitre III

Méthodes Bidimensionnelles

"Si les faits ne correspondent pas à la théorie, changez les faits"
Albert Einstein

III.1 Introduction

L'application des méthodes classiques d'extraction de caractéristiques telles que l'analyse en composantes principales (ACP) et l'analyse discriminante linéaire (ADL) nécessite la transformation des matrices de visages en vecteurs avant d'effectuer leur projection dans l'espace de représentation. Ces vecteurs sont de très grandes dimensions; les images originales de la base ORL, par exemple, sont de tailles (112×92) pixels, leur transformation donne des vecteurs de tailles (10304×1) dont le traitement sera lourd en temps de calcul et consommateur en espace mémoire. De ce fait, des techniques, dites bidimensionnelles, ont été introduites pour réduire la taille de l'espace de représentation. Les deux premières méthodes sont l'analyse en composantes principales bidimensionnelle (ACP2D) [49] et l'analyse discriminante linéaire bidimensionnelle (ADL2D) [51][52]. Leur principe repose sur une projection linéaire dans un espace bidimensionnel et la règle du plus proche voisin (Nearest Neighbor : NN) pour la classification (voir la figure III.1). Outre l'ACP2D et l'ADL2D, nous allons détailler, dans ce chapitre, quelques techniques bidimensionnelles.

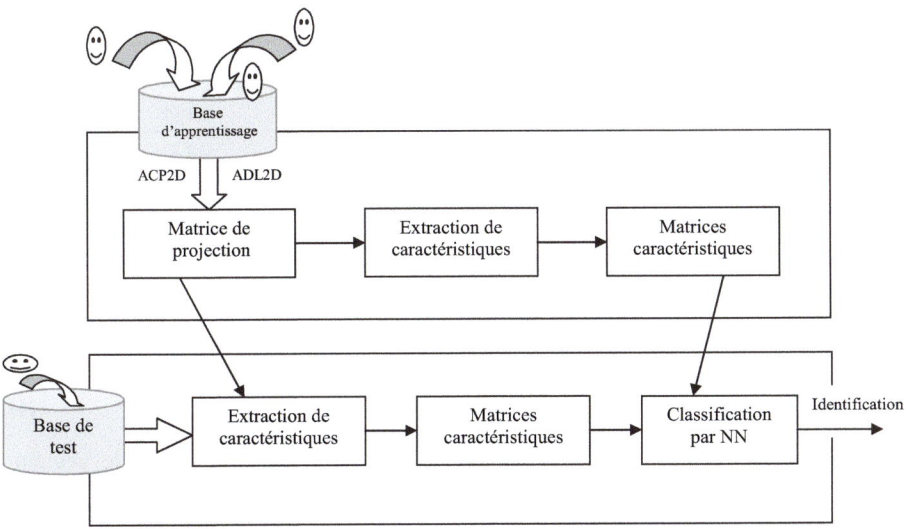

Figure III.1. *Principe de l'ACP2D et l'ADL2D.*

III.2 Analyse en composantes principales bidimensionnelle (ACP2D)

Proposée par Yang en 2004 [49], l'ACP2D est la première méthode d'extraction de caractéristiques et de réduction de dimensions basée sur l'ACP mais qui traite directement les images de visages comme des matrices sans avoir à les transformer en vecteurs comme l'exige les anciennes méthodes globales. Les auteurs reportent que l'ACP2D présente une performance élevée en termes : **i)** de reconnaissance comparée à eigenfaces, Fisherfaces, ICA et l'ACP à noyau, **ii)** de temps de calcul; plus le nombre d'images par personne est grand, plus la différence est très importante (voir tableau III.1 et tableau III.2) et **iii)** de reconstruction des images originales, comparée à eigenfaces. Cependant la supériorité de l'ACP2D n'a pas été théoriquement justifiée dans leur article.

TABLEAU III.1. Comparaison entre les temps de calcul (secondes) de la phase d'extraction de caractéristiques pour la base ORL [49].

Images/classe	1	2	3	4	5
Eigenfaces	44.45	89.00	139.36	198.95	304.61
ACP2D	10.76	11.23	12.59	13.40	14.03

TABLEAU III.2. Comparaison entre les temps de calcul (secondes) de la phase d'extraction de caractéristiques pour la base AR [49].

	Variations dans le temps	Variations des expressions faciales	Variations de l'éclairage (moyenne)
Eigenfaces	434.87	130.42	129.56
ACP2D	16.26	7.25	8.32

III.2.1 Principe

Pour un ensemble d'apprentissage de M matrices de visages centrées, l'idée de l'ACP2D est de projeter une matrice $X(n \times m)$ via une transformation linéaire telle que:

$$Y_i = X \cdot R_i \qquad\qquad \textbf{(III.1)}$$

Où Y_i $(n \times 1)$ est dit vecteur composante principale et R_i $(m \times 1)$ est le vecteur de projection.

Le vecteur optimal R_i de la projection est obtenu en maximisant le critère de la variance totale généralisé suivant:

$$J(R) = R^T . G_t . R \qquad \textbf{(III.2)}$$

Où $G_t(m \times m)$ est la matrice de covariance des images donnée par :

$$G_t = \frac{1}{M} \sum_{j=1}^{M} (X_j - \overline{X})^T (X_j - \overline{X}) \qquad \textbf{(III.3)}$$

avec X_j : la j^{ème} image de la base d'apprentissage.

$\overline{X}$: l'image moyenne totale de toutes les images de la base d'apprentissage.

En général, un seul axe de projection optimal n'est pas suffisant. On doit sélectionner un ensemble d'axes de projection tel que:

$$\begin{aligned} &\{R_1, R_2, \cdots, R_{d_1}\} = \arg \max J(R) \\ &R_i^T R_j = 0, i \neq j, i, j = 1, \cdots, d_1 \end{aligned} \qquad \textbf{(III.4)}$$

Ces axes sont les vecteurs propres de la matrice de covariance G_t correspondant aux « d_1 » plus grandes valeurs propres. L'extraction des caractéristiques d'une image X par l'ACP2D se fait donc selon :

$$Y = X.R \qquad \textbf{(III.5)}$$

où $R = [R_1 R_2 \cdots R_{d_1}]$ est la matrice de projection et $Y = [Y_1 Y_2 \cdots Y_{d_2}]$ est la matrice (ou l'image) caractéristique de l'image X.

III.2.2 Reconstruction des images originales

De façon similaire à la méthode des eigenfaces, l'ACP2D utilise, pour la reconstruction d'une image de visage, la matrice caractéristique et les vecteurs propres de la matrice G_t à partir de l'équation (III.5) comme suit:

$$\widetilde{X} = Y.R^T = \sum_{k=1}^{d_1} Y_k.R_k^T \qquad\qquad (\textbf{III.6})$$

La figure III.2 illustre la comparaison entre la reconstruction d'une image de la base du LAIG (détaillée dans l'annexe A) par trois différentes méthodes.

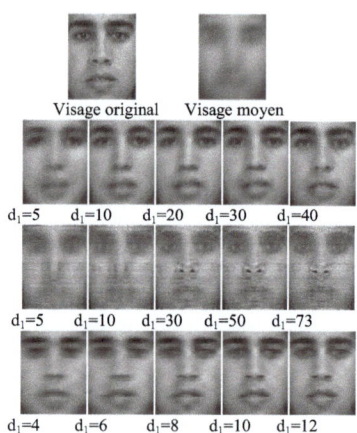

Figure III.2. Comparaison entre les images reconstruites par : eigenfaces (1ère ligne), *ADL2DoC (2ème ligne) et ACP2D (3ème ligne) [82].*

Pour $d_1 = m$, l'ACP2D nous a permis d'obtenir l'image originale tandis que pour $d_1 \prec m$, la reconstruction est approximative mais meilleure que celle par eigenfaces. Nous avons remarqué également qu'elle est meilleure que la reconstruction par l'ADL2DoC dont le principe sera expliqué dans le paragraphe suivant. La reconstruction dans ce cas est avec perte même pour un nombre de vecteurs propres égale au nombre total de lignes de la matrice originale.

III.2.3 Classification

Après l'obtention des matrices caractéristiques par l'ACP2D, la règle du plus proche voisin est utilisée pour leur classification. Pour ce faire, Yang [49] a proposé le calcul de distances entre deux matrices caractéristiques $Y_i = [y_1^{(i)} y_2^{(i)} \cdots y_{d_1}^{(i)}]$ et $Y_j = [y_1^{(j)} y_2^{(j)} \cdots y_{d_1}^{(j)}]$ comme suit :

$$d\left(Y_i, Y_j\right) = \sum_{k=1}^{d_1} \left\| y_k^{(i)} - y_k^{(j)} \right\|_2 \tag{III.7}$$

Où $\left\| y_k^{(i)} - y_k^{(j)} \right\|_2$ désigne la distance euclidienne entre les deux vecteurs composantes principales $y_k^{(i)}$ et $y_k^{(j)}$.

Pour un ensemble d'apprentissage de M matrices de visages où chacune est assignée à une identité (classe), une image test Y est affectée à la classe c_l de la matrice Y_l si:

$$d\left(Y, Y_j\right) = \min_j d\left(Y, Y_j\right) \tag{III.8}$$

Cette distance a été, également, adoptée par Visani et al. [51] et Kong et al.[50][53].

III.3 Analyse discriminante linéaire bidimensionnelle (ADL2D)

En s'inspirant de l'ACP2D, une autre méthode reposant sur l'ADL a été introduite avec différents noms à savoir l'ADL2D orientée [51] qui se présente en deux versions; l'ADL2DoC (orientée en colonnes) et l'ADL2DoL (orientée en lignes) et l'ADF2D (Analyse Discriminante de Fisher Bidimensionnelle) avec ses deux algorithmes [53] ; LU2DFDA et RU2DFDA (Left-multiplying et Right-multiplying Unilateral 2D Fisher Discriminant Analysis respectivement). Cette méthode est plus performante que l'ADL et corrige le problème de la singularité de la matrice de covariance intra-classes ce qui la rend applicable pour les problèmes de petites tailles (Small Sample Size problem SSS) [52]. Pour une base d'apprentissage de M matrices de visages réparties en C classes où chaque classe contient n_c images de visages de tailles $(n \times m)$, le principe des deux versions de l'ADL2D [51][53], résumé dans les paragraphes suivants, consiste à projeter toutes les images de la base sur une matrice de projection en maximisant un certain critère.

III.3.1 Analyse discriminante linéaire bidimensionnelle orientée en lignes (ADL2DoL)

L'ADL2DoL cherche à maximiser les variances inter-classes et minimiser les variances intra-classes en appliquant une projection linéaire à droite de la matrice de visage $X(n \times m)$ sur une matrice $P(m \times d_2)$ telle que:

$$W = X.P \qquad \textbf{(III.9)}$$

Où la matrice $W(n \times d_2)$ est dite matrice caractéristique (ou matrice de signature associée à l'image X). La matrice de projection P est obtenue en maximisant le critère de Fisher généralisé suivant:

$$P^* = \arg \max_{P \in \mathfrak{R}^{(m \times d_2)}} \frac{\left| P^T S_b P \right|}{\left| P^T S_w P \right|} \qquad \textbf{(III.10)}$$

Où S_b est la matrice de covariance inter-classes et S_w est la matrice de covariance intra-classes données respectivement par:

$$S_b = \sum_{c=1}^{C} n_c (\overline{X}_c - \overline{X})^T (\overline{X}_c - \overline{X}) \qquad \textbf{(III.11)}$$

$$S_w = \sum_{c=1}^{C} \sum_{i=1}^{n_c} (X_i - \overline{X}_c)^T (X_i - \overline{X}_c) \qquad \textbf{(III.12)}$$

avec $\overline{X}_c$: matrice moyenne de la classe c,

$\overline{X}$: matrice moyenne totale.

Les colonnes de la matrice P sont les vecteurs propres de la matrice $\left(S_w^{-1} S_b \right)$ associées aux « d_2 » plus grandes valeurs propres.

III.3.2 Analyse discriminante linéaire bidimensionnelle orientée en colonnes (ADL2DoC)

Dans ce cas, la projection de chaque matrice de visage X est effectuée à gauche telle que $Z = L^T . X$ est la matrice caractéristique de dimension $(d_2 \times m)$ où $L(n \times d_2)$ est la matrice de projection optimale maximisant le critère de Fisher généralisé :

$$L^* = \arg\max_{L \in \Re^{(n \times d_2)}} \frac{\left| L^T \Sigma_b L \right|}{\left| L^T \Sigma_w L \right|} \qquad \textbf{(III.13)}$$

ayant pour colonnes les d_2 premiers vecteurs propres de la matrice $\left(\Sigma_w^{-1} \Sigma_b \right)$ associés aux « d_2 » plus grandes valeurs propres.

Σ_w et Σ_b désignent, respectivement, les matrices intra et inter classes généralisées de la base d'apprentissage données par:

$$\Sigma_w = \sum_{c=1}^{C} \sum_{i=1}^{n_c} (X_i - \overline{X}_c)(X_i - \overline{X}_c)^T \qquad \textbf{(III.14)}$$

$$\Sigma_b = \sum_{c=1}^{C} n_c (\overline{X}_c - \overline{X})(\overline{X}_c - \overline{X})^T \qquad \textbf{(III.15)}$$

III.4 Avantages de l'ACP2D et de l'ADL2D

Il a été démontré dans [50] que l'ACP2D est l'ACP appliquée sur les lignes de toutes les images de visages et que LU2DFDA et RU2DFDA [52][53] sont l'ADL appliquée respectivement sur les colonnes et les lignes des matrices de visages. Par conséquent, la supériorité de l'ACP2D sur l'ACP et celle de l'ADL2D sur l'ADL peut être justifiée par les arguments suivants:

- Calcul directe et facile des matrices de covariance de dimensions $(m \times m)$ ou $(n \times n)$ comparée à eigenfaces dont la matrice de covariance est de taille $(n \times m, n \times m)$ (ou $(M \times M)$ comme l'a proposé Turk et Pentland dans [50]),
- Préservation de l'information spatiale bidimensionnelle,
- Utilisation, pour la classification, de la somme des distances euclidiennes entre les vecteurs composantes principales formant la matrice caractéristique d'une image test et leur similaires des images d'apprentissage.

III.5 Inconvénients de l'ACP2D et de l'ADL2D

Bien que ces deux méthodes offrent plusieurs avantages, elles souffrent de quelques inconvénients à savoir :

- Elles nécessitent plus de coefficients pour représenter les visages à reconnaître que l'ACP (eigenfaces) et l'ADL,
- Elles effectuent une projection unilatérale (multiplication à droite ou à gauche) réduisant les redondances au niveau des lignes (ou des colonnes) seulement [50][53],
- Elles dépendent du nombre de vecteurs propres à retenir qui lui-même dépend de la base de visages utilisée.

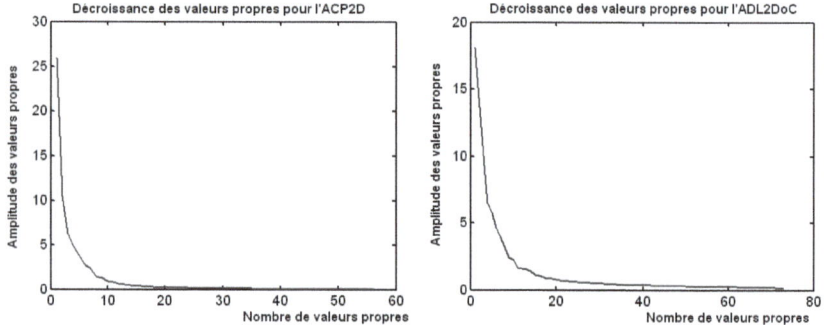

Figure III.3.   *Décroissance des valeurs propres : (a) l'ACP2D et (b) l'ADL2DoC [82].*

L'application de l'ACP2D et l'ADL2DoC sur la base du LAIG nous a permis d'obtenir les courbes de la figure III.3 qui illustrent les décroissances des valeurs propres. L'énergie d'une image est concentrée dans les premiers vecteurs propres, c'est pourquoi ces derniers sont utilisés pour la reconnaissance. Les approches bidimensionnelles restent souffrantes du problème du nombre optimal des vecteurs propres à retenir. Par exemple, les tests menés sur la base ORL (voir l'annexe A) ont montrés que l'ACP2D est optimale pour 3 vecteurs propres [51] et l'ACP2D bilatérale pour 5 vecteurs propres [53].

III.6 Approche hybride bidimensionnelle : Neuro-ACPDL2D

Le principe de Neuro-ACPDL2D que nous avons proposé dans [55][82] consiste à compacter le nombre de coefficients nécessaires pour représenter une matrice de visage X en combinant l'ACP2D et l'ADL2DoC et effectuer la classification par un perceptron multi-couches (PMC). Le système de reconnaissance de visages proposé est illustré en figure III.4.

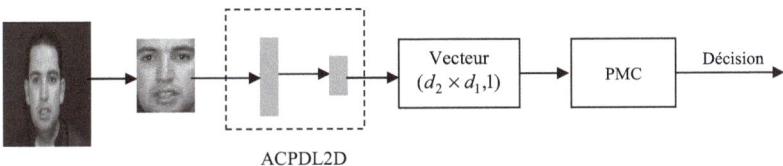

Figure III.4. *Système Neuro-ACPDL2D [82].*

Pour chaque image de visage $X(n \times m)$ de l'ensemble d'apprentissage, nous effectuons une projection bilatérale hybride en appliquant premièrement une projection à droite à l'aide de l'ACP2D suivie d'une deuxième projection à gauche en appliquant l'ADL2DoC. Autrement dit nous appliquons l'ADL2DoC sur les matrices caractéristiques obtenues par l'ACP2D. Cette nouvelle représentation donne de nouvelles matrices caractéristiques de tailles $(d_2 \times d_1)$ au lieu de $(n \times d_1)$ pour l'ACP2D ou $(d_2 \times m)$ pour l'ADL2DoC appliquées séparément. Les paramètres d_1 et d_2 sont les nombres de vecteurs propres retenus respectivement pour l'ACP2D et l'ADL2DoC. Via cette fusion nous bénéficions à la fois du pouvoir représentatif de l'ACP2D, du pouvoir discriminant de l'ADL2D et du pouvoir de généralisation du PMC. L'ACPDL2D élimine les redondances au niveau des lignes et des colonnes au même temps ce qui justifie le choix d'hybrider l'ACP2D et l'ADL2DoC et non pas l'ADL2DoL. L'algorithme III.1 [82] détaille les étapes de Neuro-ACPDL2D.

III.6.1 Classification par un PMC

A la différence de l'ACP2D et l'ADL2D, la phase de classification de Neuro-ACPDL2D est effectuée par un PMC. Pour cela les matrices caractéristiques seront transformées en vecteurs avant de les fournir au PMC dont l'algorithme d'apprentissage est celui du backpropagation. Pour plus de détails sur l'algorithme de back-propagation, voir l'annexe C. L'architecture du PMC (figure III.5) est N-H-J avec :

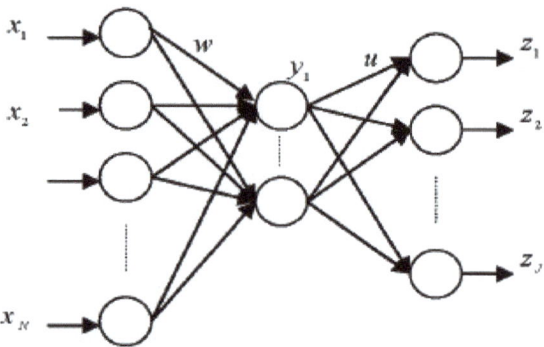

Figure III.5. *Topologie du PMC.*

- N : nombre de neurones de la couche d'entrée. Ce dernier diffère selon l'approche appliquée; $(n \times d_1)$ neurones pour l'ACP2D, $(d_2 \times m)$ pour l'ADL2DoC et $(d_2 \times d_1)$ neurones pour l'ACPDL2D,

- H : nombre de neurones de la couche cachée. Il est déterminé empiriquement,

- J : nombre de neurones de la couche de sortie correspondant au nombre de classes de la base de visages ($J = 40$).

Nous avons réalisé plusieurs tests pour chaque méthode avant de préserver une topologie donnant la meilleure performance (l'apprentissage est arrêté, pour tous nos tests, lorsque l'erreur quadratique moyenne est ≤ 0.01).

Algorithme III.1: Neuro-ACPDL2D
> **Entrées :** M images de visages
> **Sorties :** matrices de projection et matrices caractéristiques

1. Former un ensemble de M images de visages: $P = [X_1 X_2 \cdots X_M]$

2. Calculer la matrice moyenne de toutes les images: $\overline{X} = \dfrac{1}{M} \sum_{j=1}^{M} X_j$

3. Calculer la matrice de covariance : $G_t = \dfrac{1}{M} \sum_{j=1}^{M} (X_j - \overline{X})^T (X_j - \overline{X})$

4. Calculer les valeurs propres λ_k et les vecteurs propres R_k de la matrice $G_t (m \times m)$

5. Retenir d_1 vecteurs propres triés en ordre décroissant des valeurs propres, Rassembler ces d_1 vecteurs propres dans une matrice : $R = [R_1 R_2 \cdots R_{d_1}]$

6. Projeter les matrices de visages centrées dans un nouvel espace de visages : $Y_j = \hat{X}_j \cdot R$ pour $j = 1, \cdots, M$

7. Former une nouvelle base d'apprentissage Ω formée des matrices caractéristiques $Y_j (n \times d_1)$,

8. Calculer la moyenne de chaque classe de la base Ω : $\overline{Y}_c = \dfrac{1}{n_c} \sum_{i=1}^{n_c} Y_i$ pour $c = 1, \cdots, C$

9. Calculer la moyenne totale de la base Ω : $\overline{Y} = \dfrac{1}{M} \sum_{j=1}^{M} Y_j$,

10. Calculer les matrices de covariance intra et inter classes:
$$\Sigma_w = \sum_{c=1}^{C} \sum_{i=1}^{n_c} (Y_i - \overline{Y}_c)(Y_i - \overline{Y}_c)^T \quad \text{et} \quad \Sigma_b = \sum_{c=1}^{C} n_c (\overline{Y}_c - \overline{Y})(\overline{Y}_c - \overline{Y})^T$$

11. Calculer les valeurs et les vecteurs propres de la matrice $(\Sigma_w^{-1}.\Sigma_b)$ de taille $(n \times n)$,

12. Trier ces valeurs propres en ordre décroissant et retenir d_2 vecteurs propres correspondant à d_2 valeurs propres les plus grandes,
    Former une matrice dont les colonnes sont les d_2 vecteurs propres: $L = [L_1 L_2 \cdots L_{d_2}]$

13. Projeter les matrices caractéristiques dans un nouveau sous espace: $Z_j = L^T.Y_j$ pour $j = 1, \cdots, M$

14. Transformer les nouvelles matrices caractéristiques $Z_j (d_2 \times d_1)$ en vecteurs,

15. Appliquer l'algorithme backpropagation (voir l'annexe C).

III.6.2 Tests expérimentaux

Nous présentons, dans cette section, nos résultats de simulations conduits sur deux bases de visages. La première est la base du LAIG (détaillée dans l'annexe A) et la deuxième est composée d'images issues des photos scannées et des bases internationales : JAFFE, PF01 et une sous base de FERET.

1. Base du LAIG

Nous avons effectué plusieurs tests expérimentaux sur la base du LAIG en comparant trois techniques d'extraction de caractéristiques combinées avec le PMC; Neuro-ACP2D, Neuro-ADL2D et Neuro-ACPDL2D. Les premières simulations ont été menées sur le visage entier [55][82]. Quant à la deuxième partie, elle a été effectuée sur deux régions faciales; les yeux et le nez [56][82].

a. Localisation et segmentation des régions faciales

Nous avons commencé par localiser et segmenter le visage pour éliminer les arrières plans, les voiles et les cheveux. Pour cela, la technique adoptée est celle proposée dans [89]. Les visages segmentés sont de tailles (73x56) pixels. Quant aux yeux et au nez, la technique adoptée se base sur l'intensité du niveau de gris. Pour plus de détails concernant l'étape de localisation et segmentation se référer à l'annexe B.

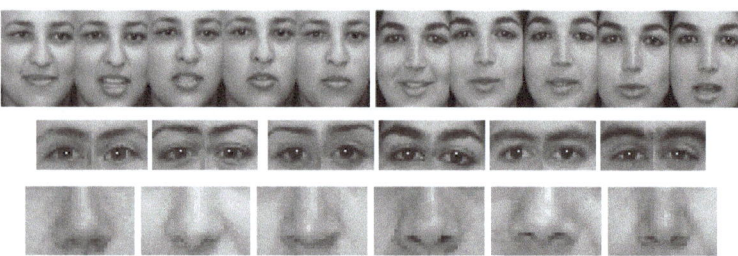

Figure III.6. *Exemples de régions faciales de la base du LAIG [82].*

- L'extraction des régions qui contiennent les yeux revient à extraire pour chaque visage de la séquence vidéo deux rectangles de façon à prendre quelques pixels au-dessus des sourcils et quelques pixels au-dessous des iris tout en veillant à ne pas prendre les foulards des femmes. Un extrait de deux régions contenant l'œil droit et l'œil gauche juxtaposées est donné en figure III.6. Chaque région est de taille (21x46) pixels. Il est clair qu'il y des variations inter-classes importantes dues à la fois à la forme des sourcils, à la forme des yeux et à leurs mouvements.

- Pour les nez, nous avons veillé à ce que les régions ne contiennent que les nez sans les moustaches pour assurer une correcte reconnaissance de personnes basée uniquement sur la forme des nez compte tenu que les hommes peuvent laisser ou enlever leurs moustaches et barbes. Les régions extraites sont de tailles (21×33) pixels (voir la figure III.6).

b. Résultats de simulations

Les résultats obtenus par les trois méthodes (tableau III.3) [82] sont évalués en utilisant le « Hold Out » qui consiste à partitionner aléatoirement la base de visages en deux sous bases de 200 images chacune, l'une pour l'apprentissage et l'autre pour le test. Nous avons répété cette opération six fois avant de moyenner les résultats.

TABLEAU III.3. Comparaison des meilleurs taux de reconnaissance des régions faciales en utilisant différentes méthodes.

Méthodes	Yeux		Nez		Visage entier	
	Taille	Taux (%)	Taille	Taux (%)	Taille	Taux (%)
Neuro-ACP2D	21×8	99.25	21×10	97.08	73×8	96.50
Neuro-ADL2DoC	8×46	99.25	4×33	97.75	6×56	97.25
Neuro-ACPDL2D	8×8	**99.41**	4×10	**98.16**	8×8	97.00

La figure III.7 présente l'interface de notre système de reconnaissance de visages à base de régions faciales réalisée sous Matlab 6.5 et un Pentium VI de vitesse 2,4 MHz et une RAM de 512 Mo.

Via cette interface, nous pouvons lire l'image originale, segmenter le visage entier, extraire les régions faciales et effectuer l'identification séparément par les trois méthodes. En plus du visage similaire au visage test, le système affiche la probabilité d'appartenance à la classe la plus proche. Les résultats de simulations nous permettent de conclure que :

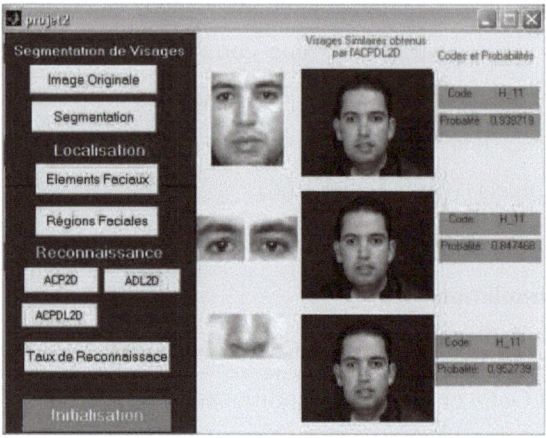

Figure III.7. *Interface du système Neuro-ACPDL2D.*

- les méthodes locales bidimensionnelles (utilisant les régions faciales) sont plus performantes que les trois méthodes globales (utilisant le visage entier). Les yeux sont les plus discriminants suivis du nez et du visage entier,

- l'approche hybride Neuro-ACPDL2D globale dépasse les deux approches : Neuro-ACP2D et Neuro-ADL2DoC en termes d'espace mémoire. Son taux de reconnaissance dépasse celui de Neuro-ACP2D globale,

- l'approche hybride Neuro-ACPDL2D locale dépasse, en terme d'espace mémoire et de taux de reconnaissance, Neuro-ACP2D et Neuro-ADL2DoC locales.

- le nez permet tout seul, par Neuro-ACPDL2D, de reconnaître 98.16% de la base de visages B-LAIG.

La supériorité des approches locales bidimensionnelles peut être justifiée par les performances des approches bidimensionnelles et le pouvoir discriminant des éléments faciaux.

2. Base mixte (photos scannées, JAFFE, FERET, PF01)

Nous avons formé une base de visages composé d'algériens dont les images sont des photos d'identité scannées et des personnes des bases internationales (10 femmes de la base JAFFE, 107 personnes de la base PF01 et une sous base de la base FERET). Les photos scannées dont un extrait est donné en figure III.8 présentent des:

- Vues frontales ou presque frontales
- Variations d'éclairage
- Variations de résolution
- Variations de la distance entre la personne et l'appareil
- Variations dans le temps.

Figure III.8. *Extrait de photos d'identité scannées.*

Nous avons réalisé un système de reconnaissance faciale sous Builder C++ 6 dont l'interface est illustrée en figure III.9. Les tests ont été menés sur un Pentium VI de vitesse 2,4 MHz et une RAM de 512 Mo. Le système effectue l'identification soit par l'ACP2D, l'ADL2D ou par l'approche hybride ACPDL2D. Il reçoit en entrée soit le visage entier, soit les yeux ou le nez. La classification est effectuée par la règle du plus proche voisin avec la métrique AMD [90] qui sera détaillée dans le chapitre IV. Le tableau III.4 reporte les taux de reconnaissance obtenus avec l'ACP2D en variant le nombre de personnes.

TABLEAU III.4.   Comparaison entre les taux de reconnaissance (%) en variant le nombre de personnes.

Nbr de personnes	Images d'apprentissage	Images de test	Top 1	Top 5
236	277	220	86.43	90.91
264	300	249	87.95	93.97
294	328	278	89.59	94.60
515	549	490	91.02	95.30

Le système donne en plus du visage similaire aux différentes régions faciales de la personne à identifier les 5 visages les plus proches à chaque région (Top 5) pour les trois méthodes. La figure III.10 illustre un exemple du Top 5 dans lequel nous avons entouré les visages similaires au visage test.

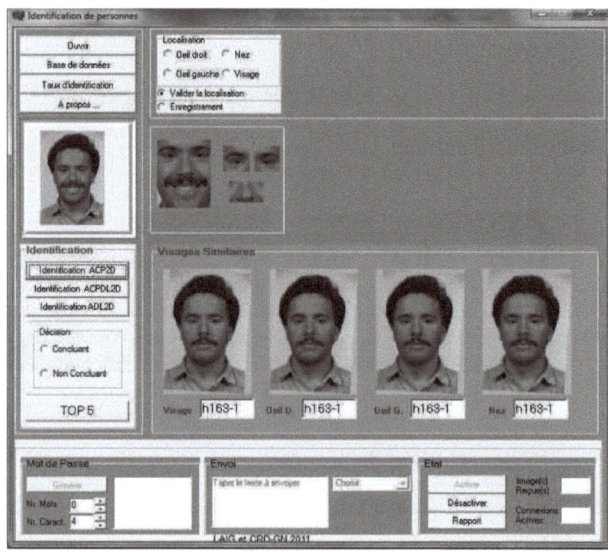

Figure III.9. *Interface de notre logiciel de reconnaissance de visages réalisée sous Builder C++6.*

Figure III.10. *Interface du Top 5 de notre logiciel de reconnaissance de visages.*

III.7 Analyse en composantes principales diagonale (DiaPCA)

En s'inspirant de l'ACP2D, Zhang a proposé dans [81] une nouvelle technique d'extraction de caractéristiques dite « Diagonal Principal Component Analysis : DiaPCA ». L'idée est de chercher les vecteurs de projection optimaux à partir des images diagonales au lieu des images originales, ainsi les corrélations entre les lignes et les colonnes sont préservées. Les tests de simulations de DiaPCA ont été effectués sur une sous base de FERET contenant 200 personnes. Zhang a trouvé que DiaPCA dépasse l'ACP et l'ACP2D en termes de taux de reconnaissance et de cout calculatoire. Cependant, il n'a pas conduit des tests sur d'autres bases de visages et/ou avec d'autres mesures de similarité.

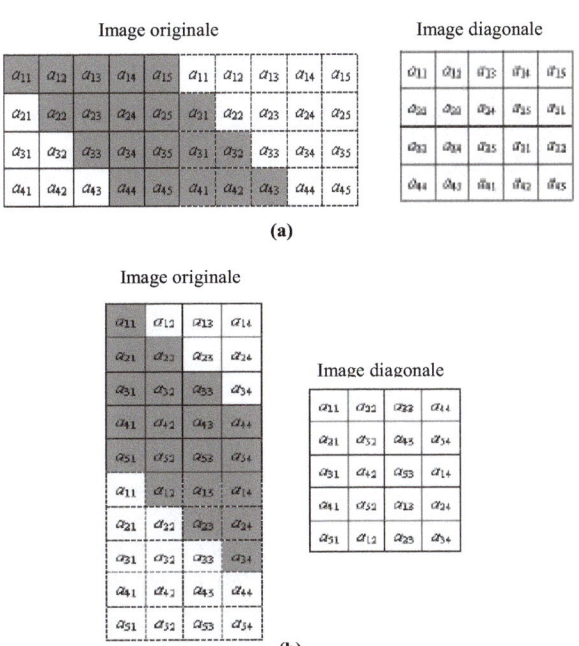

Figure III.11. *Illustration de la transformation des images originales en images diagonales [81].*

On suppose qu'on dispose d'un ensemble d'apprentissage de M images de visages de tailles $(n \times m)$. L'image diagonale correspondant à l'image d'apprentissage originale est obtenue comme suit :

1) Si $n \leq m$, utiliser la technique illustrée en figure III.11 (a)

2) Si $n \succ m$, utiliser la technique illustrée en figure III.11 (b)

En utilisant la technique de la figure III.11 (a) et sans perte de généralité, la matrice de covariance diagonale est définie par:

$$G_{RD} = \frac{1}{M} \sum_{j=1}^{M} (D_j - \overline{D})^T (D_j - \overline{D}) \tag{III.16}$$

où D est l'image du visage diagonale et $\overline{D} = \frac{1}{M} \sum_{j=1}^{M} D_j$ est la moyenne totale.

Notons $R = [R_1 R_2 \cdots R_d]$ la matrice de projection obtenue en retenant d vecteurs propres correspondant aux d plus grandes valeurs propres de la matrice de covariance diagonale définie par l'équation III.16.

La projection de l'image d'apprentissage A via la matrice de projection R donne une matrice caractéristique de taille $(n \times d)$ comme suit:

$$Y = A.R \tag{III.17}$$

Pour chaque visage test, on utilise en premier lieu l'équation (III.17) pour obtenir la matrice caractéristique. Après une mesure de similarité est utilisée pour la classification.

III.8 DiaPCA+2DPCA

Dans le but d'améliorer DiaPCA présentée dans la section précédente, Zhang [81] a proposé la variante DiaPCA+2DPCA dont le principe est le suivant :

On suppose que $R = [R_1 R_2 \cdots R_{d_1}]$ est la matrice de projection obtenue par DiaPCA. $H = [H_1 H_2 \cdots H_{d_2}]$ est la matrice de projection obtenue par l'application de l'ACP2D sur les images originales. La matrice de covariance, dans ce cas, est calculée comme suit :

1) si $n \neq m$, la matrice de covariance est $G_t = \dfrac{1}{M} \sum\limits_{j=1}^{M} (A_j - \overline{A})(A_j - \overline{A})^T$

2) si $n = m$, la matrice de covariance est $G_t = \dfrac{1}{M} \sum\limits_{j=1}^{M} (A_j - \overline{A})^T (A_j - \overline{A})$

Appliquer DiaPCA+2DPCA sur un visage d'apprentissage A revient à le projeter via R et H ce qui donne une matrice caractéristique de taille $(d_2 \times d_1)$:

$$Y = H^T A.R \tag{III.18}$$

Pour un visage test, on utilise en premier lieu l'équation III.18 pour obtenir la matrice caractéristique. Après une mesure de similarité est utilisée pour la classification.

III.9 Tests sur la base ORL

Nous avons comparé les trois méthodes; ACP2D, DiaPCA et DiaPCA+2DPCA sur la base internationale ORL (voir l'annexe A) en utilisant la distance de Yang. Le tableau III.1 reporte les meilleur taux de reconnaissance obtenus et les dimensions, entre parenthèses, des matrices caractéristiques pour chaque méthode. DiaPCA+2DPCA est optimale pour une matrice caractéristique de taille (16x10) et un taux de reconnaissance de 94.00% dépassant ainsi DiaPCA et ACP2D.

TABLEAU III.5.   Comparaison entre les taux de reconnaissance (en %) de différentes méthodes en utilisant la distance de Yang sur la base ORL.

ACP2D	DiaPCA	DiaPCA+2DPCA
93.00	93.50	94.00
(112x7)	(112x9)	(16x10)

III.10 Conclusion

Dans le contexte de la reconnaissance faciale, les méthodes globales d'extraction de signatures utilisent l'information pixel du visage entier. Elles reposent sur une représentation unidimensionnelle couteuse en temps de calcul et en espace mémoire. C'est pourquoi, depuis la proposition de l'analyse en composantes principales bidimensionnelle (ACP2D) en 2004, la tendance est d'appliquer les méthodes 2D. Ces dernières offrent, outre la simplicité des calculs, des gains en espace mémoire, en temps de calcul et des taux de reconnaissance élevés. Nous avons trouvé utile de passer en revue, le long de ce chapitre, plusieurs techniques globales 2D et de présenter leurs avantages avant de proposer nos contributions ; les objets des chapitres IV et V.

Chapitre IV

Distances Bidimensionnelles Pondérées

"An expert is merely a man who has made all the mistakes he can in a very narrow field"

Niels Bohr

IV.1 Introduction

L'étape de classification est la phase dans laquelle le système de reconnaissance de visages assigne un visage test à une classe parmi celles de la base d'apprentissage selon un critère bien choisi. Parmi les classificateurs utilisés dans ce domaine, nous citons les réseaux de neurones, les Modèles de Markov Cachés (HMM) et les Support Vectors Machines (SVM). Les plus utilisés dès les premières approches [16] jusqu'aux plus récentes [51] sont ceux basés sur la distance Euclidienne au plus proche voisin; à cause de sa simplicité. Cependant, les performances des systèmes de reconnaissance dépendent fortement de la distance utilisée. C'est pourquoi ce chapitre est dévolu à proposer une nouvelle mesure de similarité bidimensionnelle pondérée. Le calcul des distances pondérées s'effectue donc entre deux matrices caractéristiques au lieu de deux vecteurs et les poids de pondération sont les inverses des valeurs propres de la matrice de covariance des matrices de visages triés dans l'ordre décroissant. L'efficacité des mesures de similarité pondérées vis-à-vis des mesures de similarité classiques est démontrée via les simulations conduites en présence des variations d'illumination et d'expressions faciales sur les bases de visages suivantes : ORL, JAFFE, Yale, PF01 et deux sous bases de FERET contenant 200 et 245 personnes.

IV.2 Mesures de similarité

Les objets peuvent apparaître de façons très différentes selon le type de distance choisie. L'illustration de la figure IV.1 montre le cas d'une sphère avec les distances Euclidienne et City-Block.

Le principe des mesures de similarité est de calculer la distance entre deux vecteurs caractéristiques. Cependant, la version 2D de ces distances a été introduite dans le domaine de la reconnaissance faciale reposant sur l'utilisation des matrices au lieu des vecteurs. Dans [49], des tests comparatifs ont démontré que ces distances sont plus performantes que celles basées sur les vecteurs 1D.

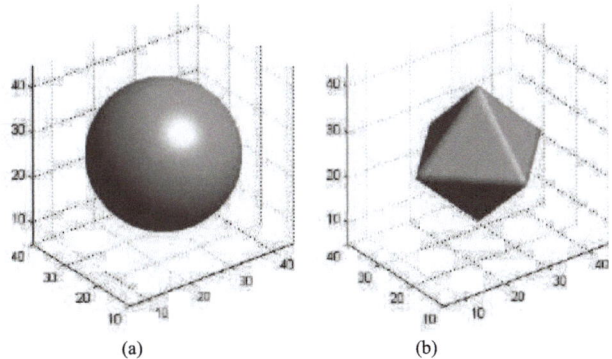

Figure IV.1. *Représentation d'une sphère avec: (a) la distance Euclidienne et (b) la distance City-Block.*

Nous réservons les paragraphes qui suivent à exposer quelques mesures de similarités les plus utilisées en reconnaissance de visages. Nous commençons par les distances vectorielles et matricielles avant de passer à notre contribution; mesures de similarité pondérées.

IV.2.1 Mesures de similarité basées sur les vecteurs

Nous présentons dans cette section les distances basées sur les vecteurs les plus utilisées. Notons $X = [x_1, x_2, ..., x_n]$ et $Y = [y_1, y_2, ..., y_n]$ deux vecteurs de $\Re^n$.

a. Distances de Minkowski

Les distances de Minkowski entre X and Y sont définies comme suit:

$$d_p(X,Y) = \sqrt[p]{\sum_{i=1}^{n} |x_i - y_i|^p} \quad p \in \mathrm{N} \qquad \textbf{(IV.1)}$$

b. Distance de Manhattan

La distance de Minkowski est appelée distance de Manhattan (ou City-Block) pour $p = 1$:

$$d_1(X,Y) = \sum_{i=1}^{n} |x_i - y_i| \qquad \textbf{(IV.2)}$$

c. Distance Euclidienne

La distance de Minkowski est appelée distance Euclidienne pour $p = 2$:

$$d_2(X,Y) = \sqrt{\sum_{i=1}^{n}(x_i - y_i)^2} \qquad \text{(IV.3)}$$

d. Distance de Mahalanobis

Les distances de Mahalanobis ou distances pondérées ont été utilisées pour les eigenfaces [16]. Elles sont définies, respectivement, pour $p = 1$ et $p = 2$ comme suit:

$$d_{Mah1}(X,Y) = \sum_{i=1}^{n}\frac{1}{\lambda_i}|x_i - y_i| \qquad \text{(IV.4)}$$

$$d_{Mah2}(X,Y) = \sqrt{\sum_{i=1}^{n}\frac{1}{\lambda_i}(x_i - y_i)^2} \qquad \text{(IV.5)}$$

IV.2.2 Mesures de similarité basées sur les matrices

Cette section est réservée à présenter les mesures de similarité bidimensionnelles. La différence clé entre ces mesures de similarité et celles basées sur les vecteurs est le calcul de distances entre deux matrices caractéristiques $Y_i = [y_1^{(i)}y_2^{(i)}\cdots y_d^{(i)}]$ et $Y_j = [y_1^{(j)}y_2^{(j)}\cdots y_d^{(j)}]$ ou d est le nombre de vecteurs propres retenu. Ces matrices sont obtenues par une méthode d'extraction de signatures bidimensionnelle telles que l'ACP2D ou l'ADL2D que nous avons présenté dans le chapitre III. La distance finale entre Y_i et Y_j est donc la somme des distances calculées entre les colonnes de ces deux matrices caractéristiques.

Pour un ensemble d'apprentissage de M matrices de visages de tailles $(n \times m)$ où chacune est assignée à une classe (personne dans le cas de la reconnaissance de visages), une image test représentée par sa matrice caractéristique $Y(n \times d)$ est affectée à la classe C_l si $d(Y,Y_l) = \min_j d(Y,Y_j)$ et $Y_l \in C_l$ avec $j = 1, \cdots, M$.

a. Distance de Frobenius

La distance de Frobenius est dérivée de la norme matricielle de Frobenius [90].
Cette distance matricielle a été utilisée dans [91] et est définie comme suit:

$$d(Y_i, Y_j) = \left(\sum_{k=1}^{d} \sum_{h=1}^{n} \left(y_{hk}^{(i)} - y_{hk}^{(j)} \right)^2 \right)^{1/2} \tag{IV.6}$$

b. Distance de Yang

Yang a proposé dans [49] une distance basée sur les matrices au lieu des vecteurs
pour la classification d'images de visages. Les tests expérimentaux montrent que la
distance de Yang combinée avec l'ACP2D est plus performante que la distance
Euclidienne utilisée dans eigenfaces en termes de temps de calcul, d'espace
mémoire et de taux de reconnaissance. La distance de Yang est définie par :

$$d(Y_i, Y_j) = \sum_{k=1}^{d} \left(\sum_{h=1}^{n} \left(y_{hk}^{(i)} - y_{hk}^{(j)} \right)^2 \right)^{1/2} \tag{IV.7}$$

c. AMD: Assembled Matrix Distance

Zuo [90] a proposé une nouvelle mesure de similarité dite « Assembled Matrix
Distance metric: AMD » dont l'expression est donnée par l'équation suivante :

$$d(Y_i, Y_j) = \left(\sum_{k=1}^{d} \left(\sum_{h=1}^{n} \left(y_{hk}^{(i)} - y_{hk}^{(j)} \right)^2 \right)^{p/2} \right)^{1/p} \quad p \succ 0 \tag{IV.8}$$

Zuo a démontré que les distances de Yang et de Frobenius sont deux cas
particuliers de AMD pour $p = 1$ et $p = 2$ respectivement. Quant à AMD, elle est
obtenu pour $p = 0.125$. Pour la démonstration que AMD est une distance se référer
à l'annexe D.

IV.3 Distance bidimensionnelle pondérée proposée

Nous avons proposé dans [92][97] une nouvelle mesure de similarité pondérée
dont le principe consiste à pondérer les deux matrices caractéristiques avant le

calcul de distance. Les colonnes de ces matrices sont les vecteurs « composantes principales » obtenus en projetant les images de visages via une matrice de projection formée par les vecteurs propres. Chaque colonne sera multipliée par l'inverse de la valeur propre correspondant à son vecteur propre. L'expression de la distance 2D pondérée est comme suit:

$$d\left(Y_i, Y_j\right) = \left(\sum_{k=1}^{d} \left(\frac{1}{\lambda_k} \sum_{h=1}^{n} \left(y_{hk}^{(i)} - y_{hk}^{(j)} \right)^2 \right)^{p/2} \right)^{1/p} \quad p \succ 0 \qquad \textbf{(IV.9)}$$

avec λ_k : valeur propre

d : nombre de vecteurs propres retenu

Pour la phase de classification, nous adoptons la stratégie d'affectation au plus proche voisin. En variant le paramètre p de l'équation IV.9, nous obtenons différentes distances :

- Pour $p = 1$, nous l'appelons distance de Yang pondérée.
- Pour $p = 2$, nous l'appelons distance de Frobenius pondérée.
- Pour $p \in]0,1[$, nous obtenons des mesures de similarité fractionnaires appelés, dans les paragraphes qui vont suivre, AMD pondérée.

Propriétés des vecteurs et valeurs propres

1. Les vecteurs propres n'ont de sens que pour des matrices carrées mais toute matrice carrée ne possède pas forcément des vecteurs propres.

2. Etant donné une matrice **R** de taille $(n \times n)$ qui possède des vecteurs propres, il existe n vecteurs propres.

3. Même si un vecteur propre subit une homothétie quelconque avant d'être multiplié par une matrice de transformation, nous obtenons toujours comme résultat un multiple de celui-ci. Ceci s'explique par le fait qu'une homothétie change la longueur d'un vecteur mais pas sa direction.

4. Tous les vecteurs propres d'une matrice sont orthogonaux entre-deux, qu'importe le nombre de dimensions de l'espace vectoriel dans lequel nous travaillons. Cela signifie que l'on est capable d'exprimer les données de départ selon ces vecteurs orthogonaux, au lieu de les exprimer selon les axes x et y.

5. Si λ_0, λ_1,..., λ_{n-1} sont les valeurs propres de la matrice $\mathbf{R}$, alors les valeurs propres de la matrice $\mathbf{R}^k$ sont λ^{k0}, λ^{k1}, ..., λ^{kn-1} pour tout entier $k > 0$.

6. Soient λ_0, λ_1,..., λ_{n-1} les valeurs propres de la matrice $\mathbf{R}$, alors toutes ces valeurs propres sont réelles et non-négatives.

IV.4 Tests de simulations

L'objectif de cette partie, réservée à nos tests de simulations, est d'étudier et de comparer les distances de Yang, de Frobenius et AMD vis-à-vis des distances pondérées proposées sous des variations d'illumination, de la pose de la tête et d'expressions faciales. Pour cela, nous avons choisis différentes bases de visages internationales à savoir ORL, JAFFE, Yale, PF01 et une sous base de FERET. Pour plus de détails sur ces bases, le lecteur peut se référer à l'annexe A.

IV.4.1 La base ORL

La base ORL est utilisée pour étudier les performances des distances en présence des variations de la pose de la tête, d'illumination et d'expressions faciales. Nous l'avons partitionnée en deux sous bases de 200 images chacune l'une pour l'apprentissage et l'autre pour le test. Les images originales sont utilisées sont aucun prétraitement. Nous reportons ci-après les résultats de comparaison des mesures de similarité classiques et pondérées avec, pour l'extraction de signatures, l'ACP2D, l'ADL2D et leur fusion [92][93][95].

1. ACP2D

Nous présentons, en premier lieu, les résultats obtenus avec l'ACP2D pour l'extraction de signatures et les distances classiques pour la classification. En examinant la figure IV.2 présentant l'évolution des taux de reconnaissance en fonction du nombre de vecteurs propres, la distance de Yang ($p=1$) et la distance de Frobenius ($p=2$) sont moins dépendantes du choix de vecteurs propres que les autres mesures de similarité fractionnaires ($p = 0.125$, $p = 0.3$ et $p = 0.5$). Cependant ces dernières donnent des taux de reconnaissance plus élevés pour les premiers vecteurs propres.

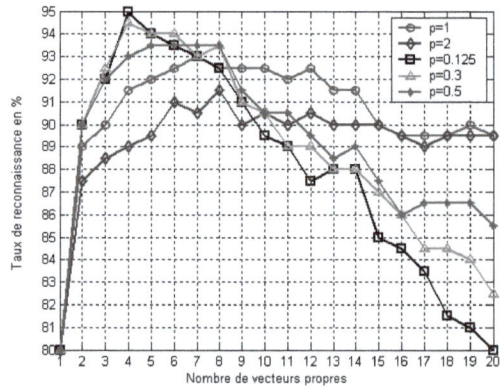

Figure IV.2. *Evolution des taux de reconnaissance obtenus avec différentes distances classiques en fonction du nombre de vecteurs propres.*

Nous avons conduit, également, des tests en appliquant les mesures de similarité pondérées dont la figure IV.3 présente les évolutions des taux de reconnaissance en fonction du nombre de vecteurs propres. Il est très clair que la distance de Frobenius pondérée est la moins performante et l'AMD pondérée pour $p=0.125$ est la plus performante.

TABLEAU IV.1. Comparaison entre AMD et AMD pondérée en utilisant l'ACP2D sur ORL.

	$p = 0.125$	$p = 0.3$	$p = 0.5$	$p = 1$	$p = 2$
AMD	95.00 (112×4)	94.50 (112×4)	93.50 (112×5)	93.00 (112×7)	91.50 (112×8)
AMD pondérée	95.50 (112×4)	94.50 (112×4)	94.50 (112×4)	93.00 (112×4)	90.00 (112×4)

Le tableau IV.1 compare les meilleurs taux de reconnaissance obtenus avec les différentes mesures de similarité classiques et pondérées. Nous reportons, entre parenthèses, les dimensions des matrices caractéristiques. La lecture de ce tableau nous permet de conclure qu'en augmentant le paramètre p, les taux de reconnaissance diminuent que ce soit pour les distances classiques ou pondérées. Dans [94], une étude comparative de trois méthodes à savoir l'ACP2D, DiaPCA et DiaPCA+ACP2D a été menée. Ces dernières ont été appliquées sur des blocks obtenus par la DCT (Discrete Cosine Transform).

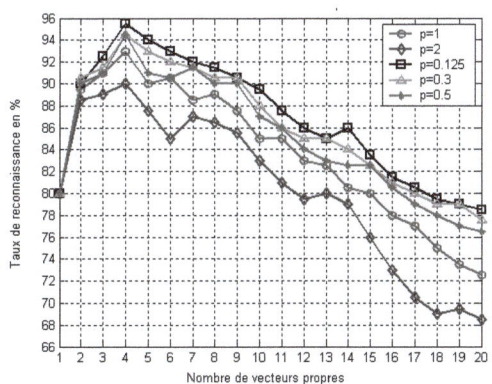

Figure IV.3. *Evolution des taux de reconnaissance obtenus avec différentes distances pondérées en fonction du nombre de vecteurs propres.*

Nous comparons, dans le tableau IV.2, nos résultats avec ceux de [94]. Le meilleur taux (95.50%) est obtenu avec la distance pondérée (p=0.125) et les deux méthodes DiaPCA+ACP2D et DiaPCA appliquées sur des blocks de taille 16x16 et la distance de Yang. Il est à noter que les distances pondérées avec l'ACP2D nécessitent moins d'effort pour la phase d'extraction de signatures que DiaPCA et DiaPCA+ACP2D avec la DCT. Outre cela, l'application de la DCT dépend fortement de la taille des blocks utilisés.

TABLEAU IV.2. Comparaison de nos résultats avec ceux de [94].

ADL2D [95]	ACP2D [94]	DiaPCA+ 2DPCA [94]	DiaPCA [94]	AMD pondérée
94.50	94.50	95.50	95.50	**95.50**

2. ADL2D orientée

Pour mieux étudier les performances des distances pondérées, nous réservons la seconde partie des simulations sur la base ORL à l'extraction de signatures par l'ADL2D. Les figures IV.4, IV.5 et IV.6 montrent clairement la supériorité des distances pondérées pour les premiers vecteurs propres retenus vis-à-vis des distances de Yang ($p = 1$), de Frobenius ($p = 2$) et de l'AMD ($p = 0.125$).

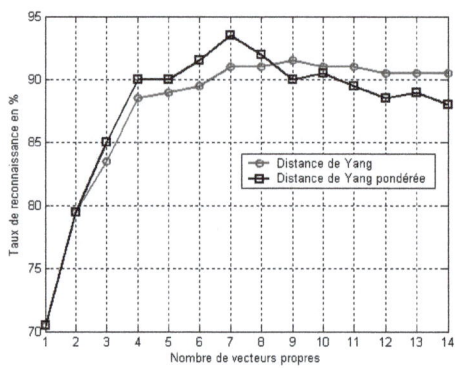

Figure IV.4. _Evolution des taux de reconnaissance obtenus avec les distances de Yang et Yang pondérée en fonction du nombre de vecteurs propres._

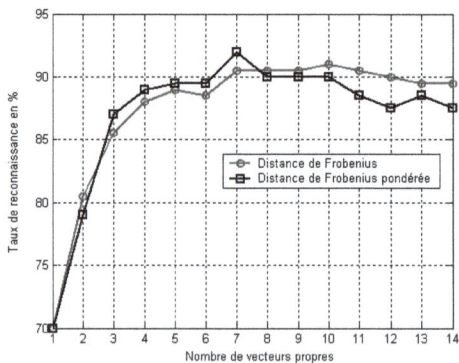

Figure IV.5. _Evolution des taux de reconnaissance obtenus avec les distances de Frobenius et Frobenius pondérée en fonction du nombre de vecteurs propres._

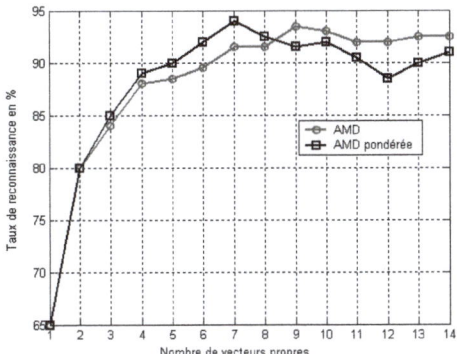

Figure IV.6. *Evolution des taux de reconnaissance obtenus avec AMD et AMD pondérée en fonction du nombre de vecteurs propres.*

Le tableau IV.3 récapitule et compare les meilleurs taux de reconnaissance obtenus avec les trois mesures de similarité avec, entre parenthèses, les tailles des matrices caractéristiques. L'AMD pondérée dépasse l'AMD que ce soit en termes de taux de reconnaissance ou en celui du nombre de vecteurs propres retenu.

TABLEAU IV.3. Comparaison entre AMD et AMD pondérée en utilisant l'ADL2D sur ORL.

	Yang ($p=1$)	Frobenius ($p=2$)	AMD ($p=0.125$)
AMD	91.50 (9×92)	91.00 (10×92)	93.50 (9×92)
AMD pondérée	93.50 (7×92)	92.00 (7×92)	94.00 (7×92)

3. Fusion de l'ACP2D et l'ADL2D

Nous avons proposé dans [95] une fusion au niveau d'extraction de signatures comme le schématise la figure ci-dessous. La matrice caractéristique obtenue par l'ACP2D est fusionnée avec celle obtenue par l'ADL2D orientée en lignes en concaténant les lignes des deux matrices.

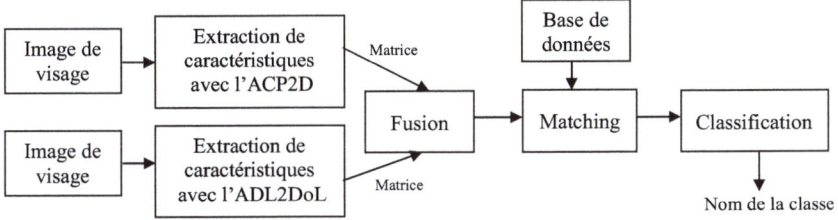

Figure IV.7. *Fusion de matrices caractéristiques au niveau d'extraction de signatures.*

Les tests de simulations ont été conduits sur la base ORL. Nous avons commencé par étudier l'influence des mesures de similarité sur les différentes méthodes : ACP2D, ADL2D orienté et leur fusion. Nous avons constaté que le meilleur taux de reconnaissance est obtenu par l'AMD vis-à-vis des distances de Yang et de Frobenius. La figure IV.8 trace l'évolution des taux de reconnaissance obtenus par l'ACP2D, l'ADL2D orientée en lignes et leur fusion en utilisant l'AMD.

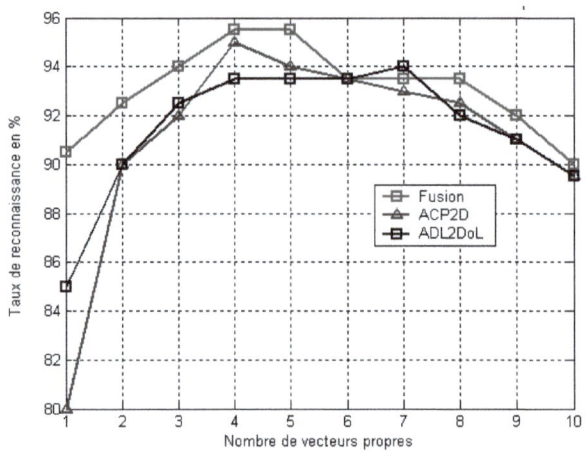

Figure IV.8. *Evolution des taux de reconnaissance de différentes méthodes en utilisant AMD sur la base ORL.*

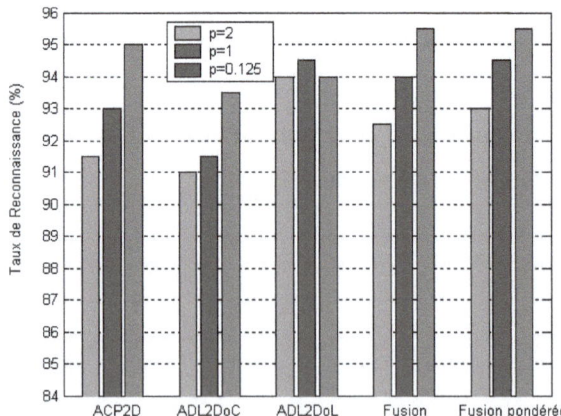

Figure IV.9. *Comparaison des taux de reconnaissance de différentes méthodes en utilisant AMD sur la base ORL.*

La figure IV.9 récapitule et compare les meilleurs taux de reconnaissance obtenus par différentes méthodes avec les disatnces de Yang, de Frobenius, AMD et AMD pondérée. Il est clair que la fusion avec AMD et AMD pondérée donne le meilleur taux de reconnaissance (95.50%). Quant à la fusion avec la distance de Yang pondérée, elle a donné le même taux (94.50%) que l'ADL2DoL avec la distance de Yang .

IV.4.2 La base JAFFE

La deuxième partie de nos tests est dévolue à étudier les performances des mesures de similarité en présence des variations d'expressions faciales. Pour cela, nous avons choisi la base JAFFE (voir l'annexe A) de 10 femmes. La base d'apprentissage contient uniquement l'expression neutre avec 2 images par femme soit en total 20 images. Quant à la base de test, elle est subdivisée en six sous bases contenant chacune une expression faciale ; base 1: joie, base 2: tristesse, base 3: surprise, base 4:colère, base 5: dégoût et la base 6: peur. Soit en total 120 images pour le test. Avant d'utiliser ces images, nous avons commencé par centrer les visages dans les images et éliminer les arrières plans et la chevelure. La figure ci-dessous montre les images finales qui sont de tailles (126x110) pixels.

Figure IV.10. *Visages segmentés de la base JAFFE.*

Nous reportons dans les paragraphes suivants nos résultats de simulations [96]. Pour toutes les bases de test, nous avons extrait les caractéristiques par l'ACP2D et varié le paramètre « p » des équations IV.8 et IV.9. La figure IV.11 récapitule les résultats de simulations menées sur toutes les bases d'expressions faciales. Il est clair que l'AMD est plus performante que les distances de Yang et Frobenius dans tous les cas sauf pour l'expression « joie ». Quant à la distance de Frobenius, elle est la moins performante.

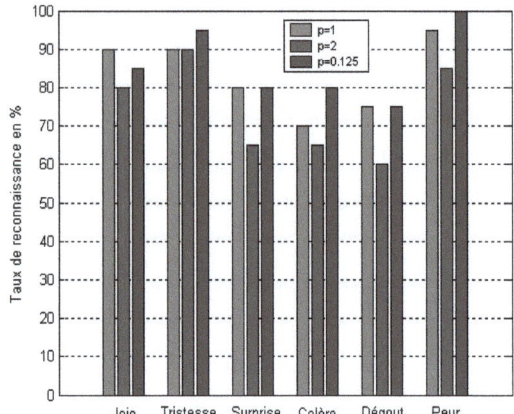

Figure IV.11. *Comparaison des taux de reconnaissance obtenus avec l'ACP2D et différentes mesures de similarité en utilisant la base JAFFE.*

Un exemple de l'évolution des taux de reconnaissance en fonction du nombre de vecteurs propres est donné en figure IV.12 présentant la base « colère ». Les mesures de similarité fractionnaires *(p=0.3, p=0.5, p=0.125)* sont plus performantes en termes de taux de reconnaissance et/ou de nombre de vecteurs propres retenu que les distances de Yang et de Frobenius que ce soit pour la base colère ou les autres bases de test.

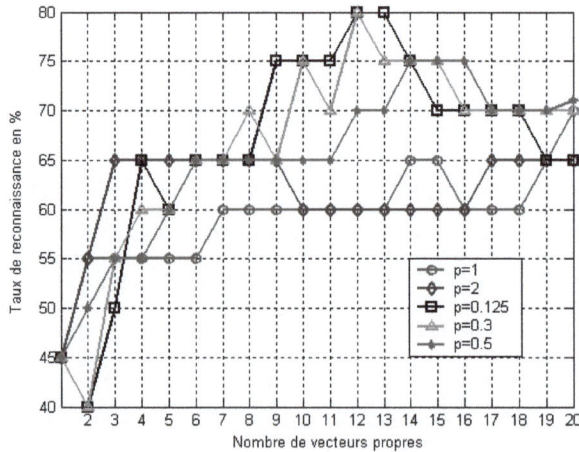

Figure IV.12. *Evolution des taux de reconnaissance de la base « colère » en fonction du nombre de vecteurs propres.*

Les figures IV.13 et IV.14 illustrent et comparent les distances classiques de Yang et de Frobenius vis-à-vis celles pondérées sur les deux bases de test: surprise et joie. Il est très clair que les distances pondérées sont les plus performantes que ce soit en termes de taux de reconnaissance et/ou en celui de nombre de vecteurs propres.

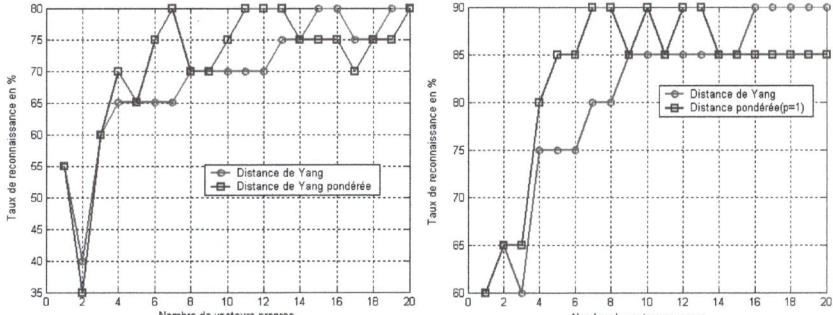

Figure IV.13. *Comparaison des distances de Yang et Yang pondérée sur les bases surprise et joie.*

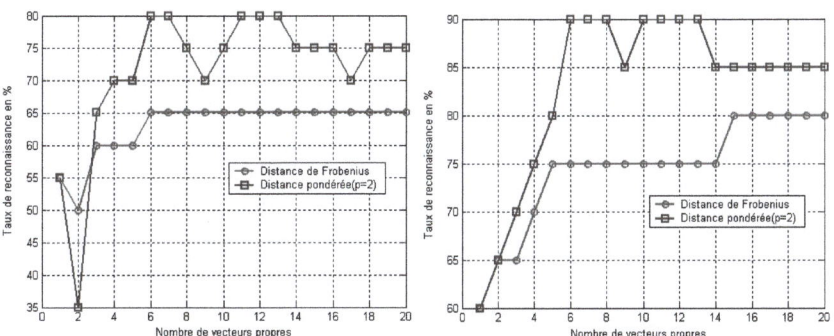

Figure IV.14. *Comparaison des distances de Frobenius et Frobenius pondérée sur les bases surprise et joie.*

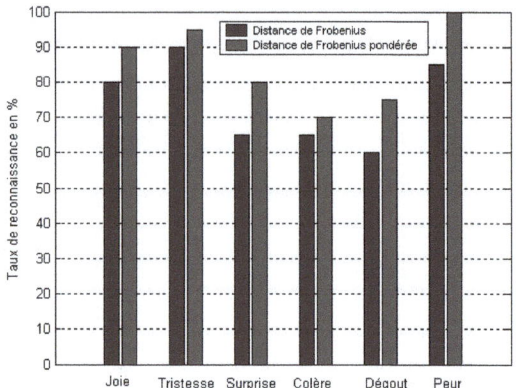

Figure IV.15. *Comparaison des distances de Frobenius et Frobenius pondérée avec toutes les expressions faciales.*

La figure IV.15 récapitule les résultats de reconnaissance de toutes les bases de test de la base JAFFE. La distance de Frobenius pondérée dépasse clairement et efficacement la distance de Frobenius classique.

Quant aux expériences menées pour $p = 0.125$, elles montrent que le meilleur taux de reconnaissance est toujours le même que ce soit pour AMD ou AMD pondérée. L'évolution des taux en fonction du nombre de vecteurs propres retenu est presque identique comme l'illustre l'exemple de la base de test « colère » donnés en figure IV.16.

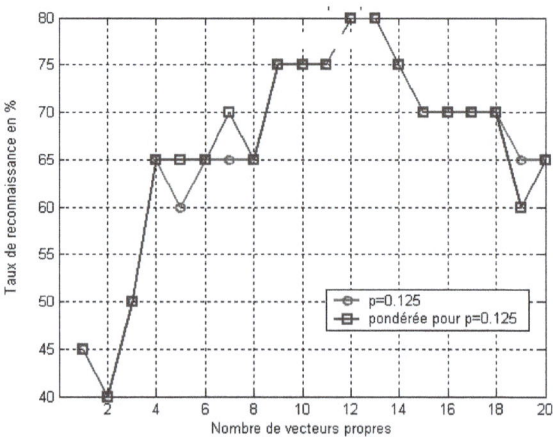

Figure IV.16. *Comparaison des distances AMD et AMD pondérée sur la base colère.*

IV.4.3 La base de Yale

La base de Yale, détaillée dans l'annexe A, est souvent utilisée pour évaluer les performances des systèmes de reconnaissance de visages en présence des variations d'illumination et d'expressions faciales. Les images originales sont de tailles (320x240) pixels; nous avons donc centré et segmenté les visages à une résolution de (101x106) pixels. Les vues d'illumination à gauche et à droite ont été éliminées du fait que ce n'est pas notre objectif et nous avons préservé 9 vues par personnes.

Plusieurs chercheurs ont utilisé la base de Yale en adoptant la stratégie « leave-one out » [36] [49] [66]. De ce fait, nous avons adopté également, pour nos tests, la même stratégie qui consiste à éliminer pour chaque personne une image de la base de données et utiliser toutes les autres pour l'apprentissage. Ensuite, nous répétons la validation croisée 9 fois avant de moyenner les taux de reconnaissance.

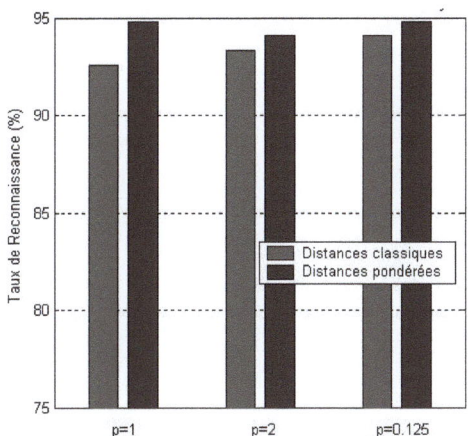

Figure IV.17. *Comparaison des distances classiques et pondérées sur la base de YALE.*

La figure IV.17 [97] illustre la comparaison des mesures de similarité classiques (Yang, Frobenius et AMD) avec celles pondérées. Dans tous les cas, les distances pondérées dépassent clairement les distances classiques. Le meilleur taux de reconnaissance est 94.81% obtenu avec la distance de Yang pondérée et AMD pondérée. Quant aux distances de Yang, de Frobenius et AMD, elles donnent respectivement 92.59%, 93.33% et 94.07%.

IV.4.4 La base PF01

Nous avons utilisé la base PF01 de 107 personnes (voir l'annexe A) pour comparer les distances classiques et pondérées en présence des variations d'expressions faciales. Les tests menés ont été conduits avec une image par personne. La base d'apprentissage contient l'expression neutre et les deux bases de test contiennent, respectivement, l'expression « joie » uniquement et toutes les expressions faciales. Les visages centrés et segmentés (élimination des cheveux et des arrières plans) sont de tailles (119x115) pixels.

L'histogramme de la figure IV.18 compare, pour les deux cas de test, les mesures de similarité classiques (Yang, Frobenius et AMD) avec AMD pondérée. Cette dernière est la plus performante; c'est pourquoi, nous traçons l'évolution des taux de reconnaissance obtenus par AMD classique ($p = 0.125$) et AMD pondérée en figure IV.19.

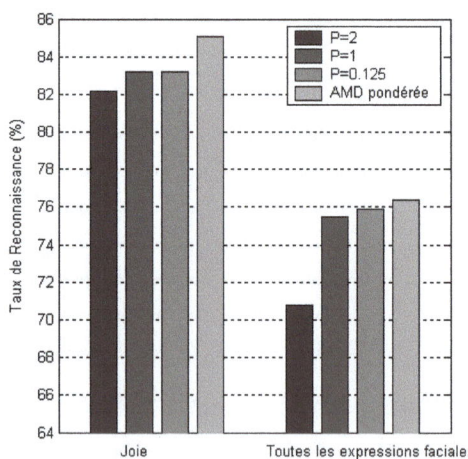

Figure IV.18. *Comparaison de différentes mesures de similarité sur la base « joie » et « toutes les expressions faciales ».*

- Pour la base « joie », AMD pondérée donne le meilleur taux de reconnaissance 85.04 % suivi de 83.17 % obtenu par AMD pour 16 vecteurs propres.

- Pour la base de toutes les expressions faciales, les meilleurs taux de reconnaissance sont 75.93% et 76.40% obtenus respectivement par AMD et AMD pondérée.

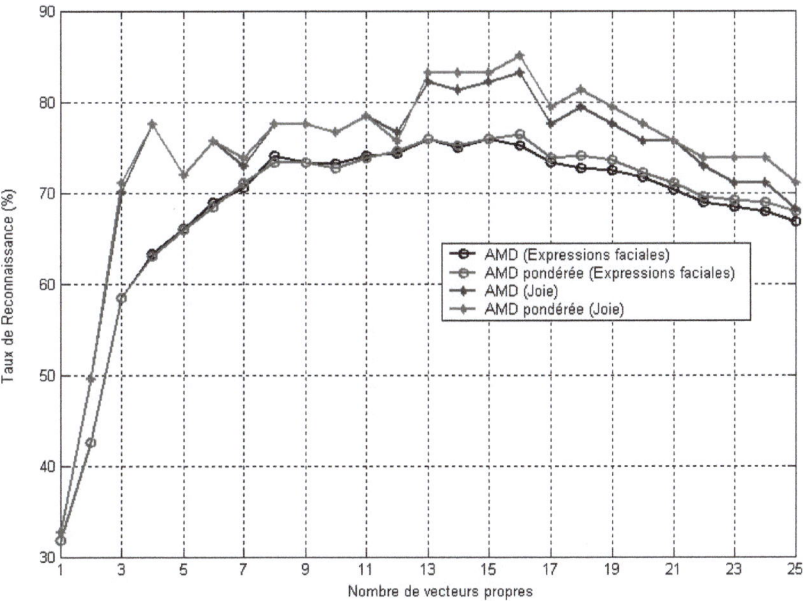

Figure IV.19. _Evolution des taux de reconnaissance obtenus avec AMD et AMD pondérée sur PF01._

IV.4.5 La base FERET

FERET contient un nombre important de personnes avec des variations dans la pose de la tête, dans l'illumination et dans les races. Les images originales, de tailles (384x256) pixels, ont été soumises à des prétraitements : rotation, redimensionnement, segmentation et égalisation d'histogramme (voir l'annexe A). Les images finales contenant uniquement les visages sont de tailles (90x79) pixels. Nous avons choisi aléatoirement des personnes à partir des deux galeries fa et fb; fa est utilisée pour l'apprentissage et fb pour le test.

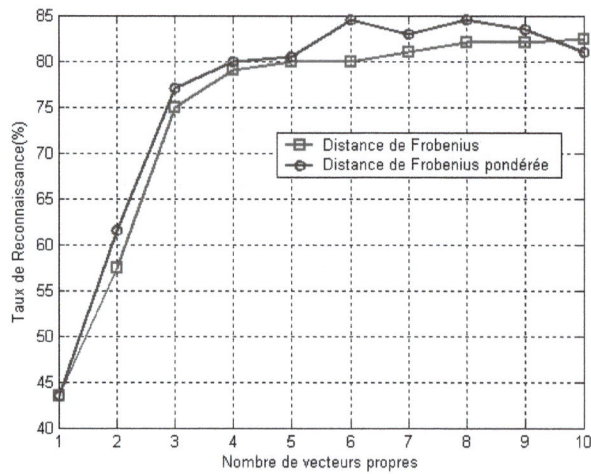

Figure IV.20. *Comparaison entre les distances de Frobenius et Frobenius pondérée.*

Nos tests ont été menés sur deux sous bases de FERET pour étudier les performances des distances classiques vis-à-vis des distances pondérées en variant le nombre de personnes de 200 à 245 personnes. Les figures IV.20 et IV.21 illustrent les comparaisons entre les distances classiques et pondérées de Frobenius et de Yang pour 10 vecteurs propres [97].

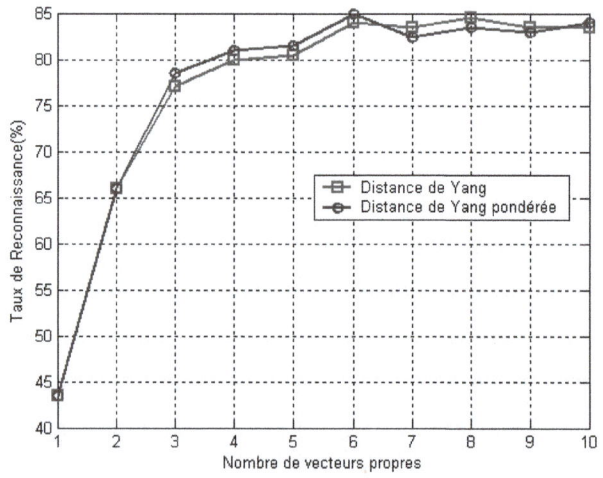

Figure IV.21. *Comparaison entre les distances de Yang et Yang pondérée.*

Le tableau IV.4 résume les taux de reconnaissance obtenus pour 200 et 245 personnes. Les distances pondérées sont soit égales ou supérieures aux distances classiques. La distance de Yang pondérée calculée sur la base de 245 personnes est la plus performante donnant un taux de reconnaissance de 85.71% contre 85.00% pour 200 personnes.

TABLEAU IV.4. Comparaison entre les distances classiques et pondérées sur deux sous bases de FERET.

		Yang (p=1)	Frobenius (p=2)	AMD (p=0.125)
200 personnes	**Classiques**	85.00 (90x11)	83.00 (90x11)	84.00 (90x8)
	Pondérées	85.00 (90x6)	84.50 (90x6)	84.00 (90x8)
245 personnes	**Classiques**	84.48 (90x6)	82.04 (90x11)	84.48 (90x6)
	Pondérées	**85.71** (90x6)	83.26 (90x6)	84.48 (90x6)

Nous comparons dans le tableau IV.5 nos résultats avec ceux de [80]. Two-directional two-dimensional PCA ((2D)^{2}PCA) a été comparée avec l'ACP2D alternative sur une sous base de FERET contenant 200 personnes (71 hommes et 129 femmes). Les images ont été segmentées à une résolution de (60x60) pixels.

TABLEAU IV.5. Comparaison de nos résultats avec l'état de l'art sur une sous base de FERET contenant 200 personnes.

ACP2D	ACP2D Alternative	(2D)^{2}PCA	Frobenius pondérée	Yang pondérée
84.50 (13x60)	84.50 (14x60)	85.00 (13x14)	84.50 (90x6)	85.00 (90x6)

IV.5 Conclusion

Le choix d'une mesure de similarité est très critique dans le contexte de la reconnaissance de visages. La performance d'une distance dépend fortement des prétraitements, des variations dans l'éclairage, d'expressions faciales, de la taille et du nombre de personnes de la base de visages. Pour cela, notre contribution a porté sur la proposition d'une nouvelle mesure de similarité pondérée calculée entre deux matrices caractéristiques. Les poids de pondération sont les inverses des valeurs propres de la matrice de covariance. Nous avons menés, dans ce chapitre, une série de tests expérimentaux pour comparer et étudier les performances des distances pondérées vis-à-vis des distances classiques (Yang, Frobenius et Assembled Matrix Distance (AMD)). Les résultats obtenus sur différentes bases de visages internationales : ORL, JAFFE, Yale, PF01 et deux sous bases de FERET montrent que les distances pondérées sont très efficaces pour la classification d'images de visages.

Chapitre V

Yeux vs. Visage : ACP Diagonale Bilatérale

"Celui qui ne peut plus éprouver ni étonnement ni surprise est pour ainsi dire mort : ses yeux sont éteints"
Albert Einstein

V.1 Introduction

Nous avons présenté, dans le chapitre III, différentes techniques bidimensionnelles d'extraction de signatures et discuté leurs avantages vis-à-vis des méthodes classiques de reconnaissance faciale à savoir la réduction de dimension de l'espace de travail et par conséquent le gain du coût calculatoire. Parmi ces techniques DiaPCA dont le principe est de chercher les vecteurs de projection optimaux en utilisant la matrice de covariance des matrices de visages diagonales. Au cours de ce chapitre, nous proposons une nouvelle technique inspirée de DiaPCA dite DiaPCA bilatérale (BDiaPCA) pour la représentation des images et l'identification de personnes par deux modalités: le visage entier et les régions contenant les yeux. BDiaPCA effectue une projection bilatérale réduisant les dimensions des lignes et colonnes simultanément tout en bénéficiant des avantages de la représentation diagonale des visages. Les performances de DiaPCA bilatérale sont étudiées et comparées vis-à-vis d'autres techniques 2D (ACP2D, DiaPCA et DiaPCA+2DPCA) avec différentes mesures de similarité 2D. Les résultats de simulations réalisées sur trois bases internationales (Yale, PF01 et FERET) montrent l'efficacité de DiaPCA bilatérale pour la représentation des images faciales et l'identification d'individus notamment couplés avec les yeux. Ces derniers peuvent, peut être, remplacer le visage entier dans le futur proche.

V.2 ACP diagonale bilatérale proposée (BDiaPCA)

Le principe de notre méthode DiaPCA bilatérale que nous avons proposé dans [101] est d'effectuer une projection à gauche et à droite de l'image originale en utilisant, pour chaque cas, une matrice de projection obtenue par DiaPCA. Pour plus de détails, le lecteur peut se référer au chapitre III. L'idée de DiaPCA est de bénéficier de la représentation diagonale des matrices qui à la différence de l'ACP2D préserve certaines corrélations. Ainsi via la projection bilatérale proposée, nous réduisons la taille des lignes et des colonnes simultanément. Nous proposons d'appeler DiaPCA proposée dans la section III.7 du chapitre III DiaPCA à droite (RDiaPCA) et DiaPCA introduite ci-après DiaPCA à gauche (LDiaPCA).

Nous supposons que nous disposons d'un ensemble d'apprentissage de M images de visages de tailles $(n \times m)$ pixels. Le principe de LDiaPCA consiste à chercher la matrice de projection gauche $L = [L_1 L_2 \cdots L_{q_2}]$. L est formée par «q_2» vecteurs propres correspondant aux «q_2» valeurs propres les plus grandes triées en ordre décroissant de la matrice de covariance diagonale gauche suivante :

$$G_{LD} = \frac{1}{M} \sum_{j=1}^{M} (D_j - \overline{D})(D_j - \overline{D})^T \qquad (V.1)$$

où D est l'image du visage diagonale et $\overline{D} = \frac{1}{M} \sum_{j=1}^{M} D_j$ est la moyenne totale.

Appliquer DiaPCA bilatérale revient à projeter une image d'apprentissage $A(n \times m)$ via les deux matrices de projection L et R pour obtenir une matrice caractéristique $Z(q_2 \times q_1)$:

$$Z = L^T AR \qquad (V.2)$$

où $R = [R_1 R_2 \cdots R_{q_1}]$ est la matrice de projection droite obtenue par RDiaPCA dont la matrice de covariance droite est donnée par :

$$G_{RD} = \frac{1}{M} \sum_{j=1}^{M} (D_j - \overline{D})^T (D_j - \overline{D}) \qquad (V.3)$$

Pour une image de test, nous utilisons en premier lieu l'équation V.2 pour obtenir la matrice caractéristique. Après une mesure de similarité est utilisée pour la classification.

Algorithme [101]

Algorithme V.1 : DiaPCA bilatérale

Entrées : M images de visages de tailles $(n \times m)$.

Sorties : matrices de projection R et L et matrices caractéristiques Z.

---

1. Calculer les images diagonales D à partir des images de visages comme suit :
   - ❖ si $n \leq m$, faire une concaténation horizontale
   - ❖ si $n \succ m$, faire une concaténation verticale

2. Calculer la matrice moyenne des images diagonales: $\overline{D} = \dfrac{1}{M}\sum_{j=1}^{M} D_j$

3. Calculer la matrice de covariance diagonale droite : $G_{RD} = \dfrac{1}{M}\sum_{j=1}^{M}(D_j - \overline{D})^T (D_j - \overline{D})$

4. Calculer les valeurs propres λ_k et les vecteurs propres R_k de la matrice G_{RD}

5. Retenir q_1 vecteurs propres triés en ordre décroissant des valeurs propres,

6. Rassembler ces q_1 vecteurs propres dans une matrice : $R = [R_1 R_2 \cdots R_{q_1}]$

7. Calculer la matrice de covariance diagonale gauche : $G_{LD} = \dfrac{1}{M}\sum_{j=1}^{M}(D_j - \overline{D})(D_j - \overline{D})^T$

8. Calculer les valeurs propres γ_h et les vecteurs propres L_h de la matrice G_{LD}

9. Retenir q_2 vecteurs propres triés en ordre décroissant des valeurs propres,

10. Rassembler ces q_2 vecteurs propres dans une matrice : $L = [L_1 L_2 \cdots L_{q_2}]$

11. Projeter les images de visages dans un nouvel espace de visages : $Z_j = L^T A_j R$, $j = 1, \cdots, M$

12. Classifier les matrices caractéristiques par une mesure de similarité 2D.

V.3 Tests expérimentaux

Cette section vise à étudier les performances de la méthode DiaPCA bilatérale proposée pour l'identification de personnes par le visage entier [101]. Pour cela, nous avons conduit plusieurs séries de tests sur trois bases de visages : Yale, PF01 et une sous base de FERET. Pour les détails concernant ces bases de visages, se référer à l'annexe A.

V.3.1 La base FERET

Les premières simulations ont été menées sur une sous base de FERET contenant 200 personnes. Les images originales ont été soumises à plusieurs prétraitements et redimensionnées à une résolution de (90x79) pixels (voir l'annexe A). La figure V.1 présente un extrait d'images diagonales utilisées pour nos tests. Nous avons comparé, en premier lieu, DiaPCA bilatérale avec DiaPCA et l'ACP2D en utilisant la distance de Yang vu qu'elle est la plus populaire.

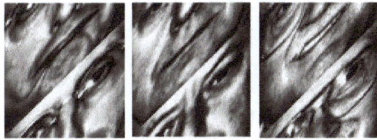

Figure V.1. _Exemples d'images de visages diagonales de la base FERET avec égalisation d'histogramme._

La figure V.2 compare l'évolution des taux de reconnaissance de ces trois méthodes. Le meilleur taux de reconnaissance est 87.00 % obtenu par DiaPCA bilatérale, suivi de 85.00 % obtenu par l'ACP2D et 83.50 % par DiaPCA.

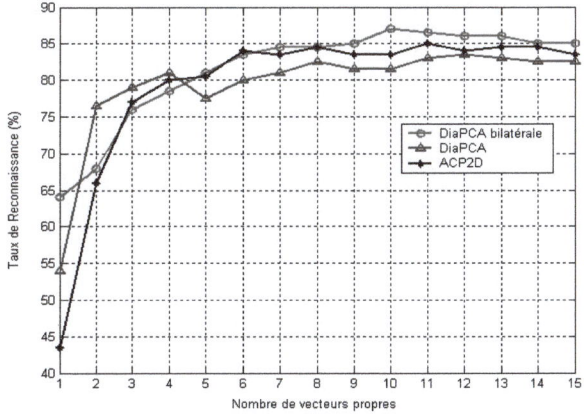

Figure V.2. _Comparaison de différentes méthodes en utilisant la distance de Yang sur la base FERET._

Ces résultats satisfaisants nous ont encouragé à effectuer une comparaison avancée avec l'ACP2D, DiaPCA et DiaPCA+2DPCA en utilisant quatre différentes mesures de similarités à savoir les distances de Yang, de Frobenius, AMD et Volume Measure (VM).

Pour deux matrices de tailles $(n \times m)$, Volume Measure est définie par [17]:

$$vol(Y_i, Y_j) = \sqrt{\det\left(\left(Y_i - Y_j\right)^T \left(Y_i - Y_j\right)\right)} \qquad \textbf{(V.4)}$$

Volume Measure a été également utilisée dans l'étude comparative de [58].

L'histogramme de la figure V.3 [102] illustre la comparaison des meilleurs taux de reconnaissance de ces quatre méthodes 2D. Il est très clair que DiaPCA bilatérale dépasse toutes les autres méthodes pour les quatres mesures de similarité testées. DiaPCA bilatérale donne 88.5% avec VM, 87.00% avec la distance de Yang, 86.50% avec la distance de Frobenius et 86.00% avec AMD.

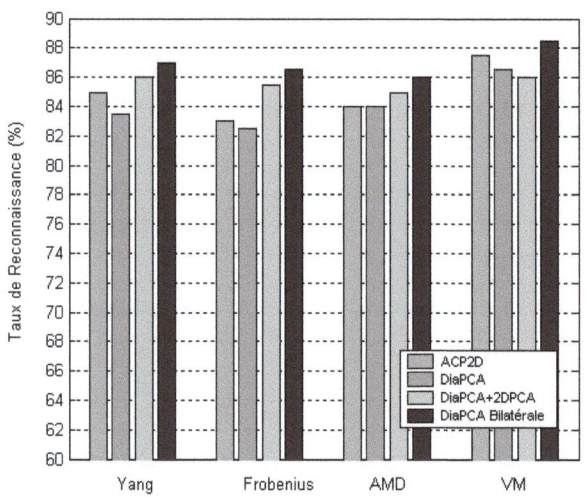

Figure V.3. *Comparaison de différentes méthodes avec différentes mesures de similarité en utilisant la base FERET.*

V.3.2 La base de Yale

Les deuxièmes simulations [101] visent à étudier les performances de DiaPCA bilatérale sur la base de Yale présentant des variations d'illumination et d'expressions faciales (voir l'annexe A). Les images originales ont été redimensionnées à une résolution de (90x79) pixels. La base d'apprentissage contient 5 images par personne soit 75 images et la base de test contient 6 images soit 90 images.

La figure V.4 illustre la comparaison des trois méthodes DiaPCA bilatérale, DiaPCA et l'ACP2D avec la distance de Yang. Le tableau V.1 récapitule les meilleurs taux de reconnaissance obtenus par les distances de Yang, de Frobenius, AMD et AMD pondérée (voir chapitre IV) et donne les dimensions, entre parenthèse, des matrices caractéristiques.

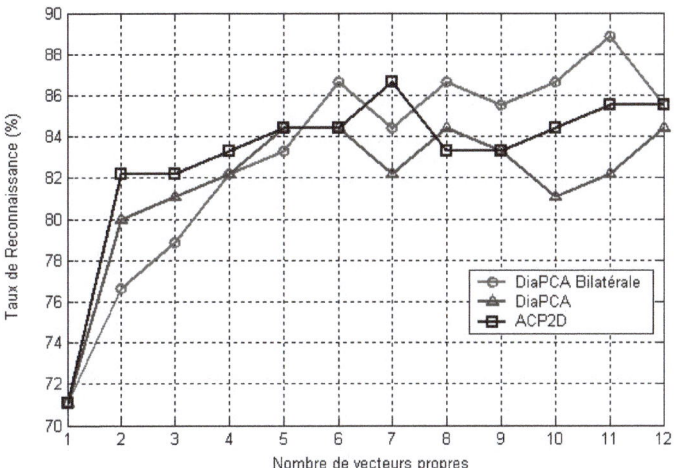

Figure V.4. _Comparaison de différentes méthodes en utilisant la distance de Yang sur la base de YALE._

DiaPCA bilatérale est la plus optimale en termes de taux de reconnaissance (88.88%) et d'espace mémoire (11x20) vis-à-vis DiaPCA et ACP2D. La distance pondérée que nous avons proposée dans le chapitre VI a donné également 88.88% avec l'ACP2D.

TABLEAU V.1.   Comparaison des meilleurs taux de reconnaissance (%) obtenus avec différentes méthodes et mesures de similarité sur la base de Yale.

	Yang (p=1)	Frobenius (p=2)	AMD (p=0.125)	Distances pondérées
ACP2D	86.66 (90x7)	84.44 (90x5)	86.66 (90x10)	88.88[1] (90x6)
DiaPCA	87.77 (90x13)	84.44 (90x12)	86.66 (90x16)	87.77[2] (90x14)
DiaPCA Bilatérale	**88.88** (11x20)	84.44 (8x19)	87.77 (10x12)	---

(1) La distance de Frobenius pondérée
(2) La distance de Yang pondérée

Nous comparons dans le tableau V.2 nos résultats avec ceux de l'état de l'art obtenus sur la base de Yale et une sous base de FERET.

TABLEAU V.2.   Comparaison de nos résultats avec ceux de l'état de l'art.

	DiaPCA Bilatérale	**ACP2D**	**(2D)²PCA**	**ACP2D Alternative**	**(2D)²PCALDA**
FERET	87.00 (10x15)	84.50 [80] (60x13)	85.00 [80] (14x13)	84.50 [80] (60x14)	---
YALE	88.88 (11x20)	84.24 [49]	88.90 [98] (112x92)	---	88.22 [83] (10x10)

V.3.3 La base PF01

La troisième base de visages utilisée pour évaluer DiaPCA bilatérale en présence des variations d'expressions faciales est la base PF01 contenant 107 personnes.

Nous traçons dans la figure V.5 [101] les évolutions des taux de reconnaissance obtenus par DiaPCA bilatérale, DiaPCA et l'ACP2D en utilisant AMD pour la classification. DiaPCA bilatérale dépasse largement les deux autres méthodes.

Nous avons, également, comparé ces trois méthodes en appliquant les distances de Yang, de Frobenius, VM et AMD pondérée comme le détaille le tableau V.3.

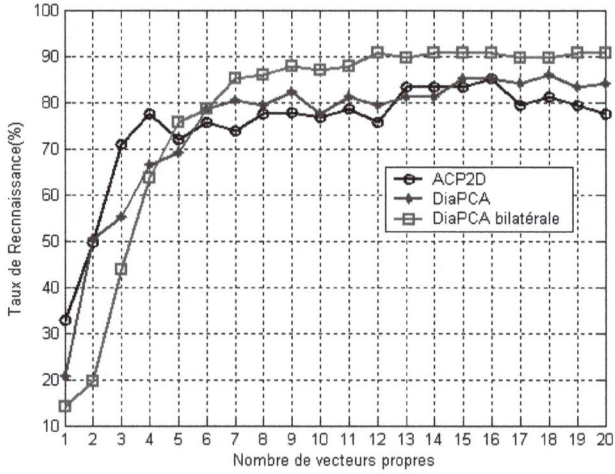

Figure V.5. *Comparaison de différentes méthodes en utilisant la distance AMD sur la base PF01.*

DiaPCA bilatérale est plus performante que les deux autres méthodes en termes de taux de reconnaissance et d'espace mémoire pour les distances de Yang, de

Frobenius et AMD. Le meilleur taux de reconnaissance, 90.65 %, est obtenu avec AMD et une matrice caractéristique de taille (12x17). Quant à l'ACP2D, son meilleur taux de reconnaissance est 85.04% obtenu par AMD pondérée et une matrice caractéristique de taille (119x16). DiaPCA donne 85.98 % par AMD, VM et AMD pondérée. La lecture du tableau V.3 nous permet de conclure également que l'ACP2D est optimale avec AMD pondérée en donnant le meilleur taux de reconnaissance qui est 85.04% vis-à-vis des autres mesures de similarité.

TABLEAU V.3.   Comparaison entre différentes méthodes et mesures de similarité sur les visages entiers de la base PF01.

	Yang (p=1)	Frobenius (p=2)	AMD (p=0.125)	Volume Measure	AMD pondérée
ACP2D	83.17 (119x16)	82.24 (119x12)	83.17 (119x16)	84.11 (119x10)	85.04 (119x16)
DiaPCA	84.11 (119x15)	83.17 (119x22)	85.98 (119x18)	85.98 (119x8)	85.98 (119x16)
DiaPCA Bilatérale	89.71 (9x16)	84.11 (14x16)	**90.65** (12x17)	85.04 (13x17)	---

V.4 Reconnaissance par les yeux

Nous réservons cette partie de notre thèse à étudier le pouvoir discriminant des yeux vis-à-vis du visage entier. Notamment que les résultats de l'approche hybride Neuro-ACPDL2D locale que nous avons proposée dans [56][82] sont très satisfaisants et permettent de conclure clairement que les yeux sont une modalité de reconnaissance faciale très performante et donc prometteuse. Pour cela, nous allons comparer différentes techniques d'extraction de signatures 2D avec différentes mesures de similarité sur deux bases de visages; PF01 et une sous base de FERET. La première étape est de segmenter les régions des yeux de manière à ne contenir que les yeux et les sourcils. Ces régions sont de tailles (35x79) pixels et (57x115) pixels pour la base PF01 et la base FERET respectivement. Un extrait de ces régions est illustré en figure V.6. Ensuite nous effectuons l'extraction de signatures par une technique 2D et la classification par une mesure de similarité 2D.

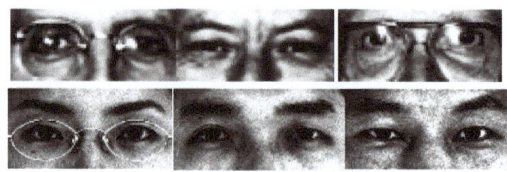

Figure V.6. *Exemples de régions contenant les yeux avec égalisation d'histogramme : base FERET (1ère ligne) et base PF01 (2ème ligne).*

V.4.1 Tests expérimentaux sur FERET

Nous avons commencé par comparer les régions contenant les yeux et le visage entier en appliquant l'ACP2D avec différentes mesures de similarité. L'histogramme de la figure V.7 montre clairement que les taux de reconnaissance obtenus par les yeux dépassent largement ceux obtenus par le visage entier pour les différentes mesures de similarité : Yang, Frobenius, AMD et VM. Les meilleurs taux sont obtenus par les distances de Yang et AMD.

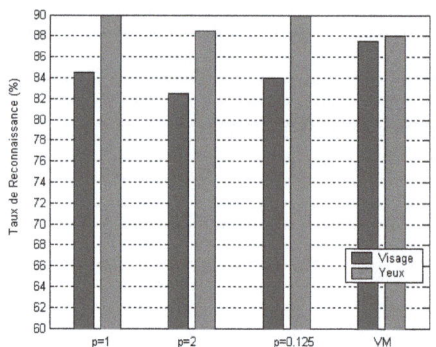

Figure V.7. *Comparaison de différentes mesures de similarité en utilisant l'ACP2D sur la base FERET.*

Nous avons étendu l'étude de l'identification par les yeux en comparant DiaPCA bilatérale, DiaPCA, DiaPCA+2DPCA et l'ACP2D avec la distance de Yang. La figure V.8 trace les évolutions des taux de reconnaissance en fonction du nombre de vecteurs propres. Quant aux autres mesures de similarités, elles sont comparées et récapitulées dans le tableau V.4 [102]. DiaPCA bilatérale et DiaPCA+2DPCA donnent 90.50% pour des matrices caractéristiques de tailles (4x12) et (9x9) respectivement.

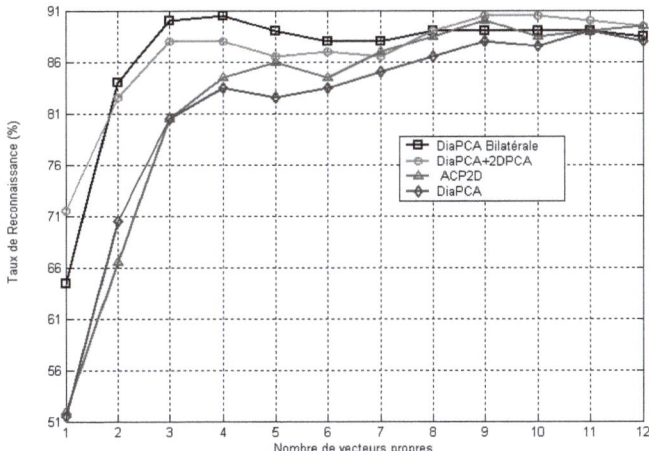

Figure V.8. *Evolution des taux de reconnaissance obtenu avec l'ACP2D et la distance de Yang sur la base FERET.*

Nous comparons, dans l'histogramme de la figure V.9, les meilleurs taux de reconnaissance du visage entier et des régions des yeux obtenus par DiaPCA bilatérale, DiaPCA et ACP2D avec la distance de Yang. Les régions des yeux dépassent largement le visage entier en termes de taux de reconnaissance et d'espace mémoire; DiaPCA bilatérale est la plus optimale avec 90.50% et une matrice caractéristique de taille (4x12) vis-à-vis du visage dont le meilleur taux de reconnaissance est 88.50% obtenu par VM et une matrice caractéristique de taille (13x8).

TABLEAU V.4.   Comparaison de différentes méthodes et mesures de similarité sur les régions des yeux de la base FERET.

	Yang (p=1)	Frobenius (p=2)	AMD (p=0.125)	Volume Measure	AMD pondérée
ACP2D	90.00 (35x9)	88.50 (35x9)	90.00 (35x9)	88.00 (35x9)	90.00 (35x9)
DiaPCA	89.00 (35x11)	88.50 (35x11)	88.50 (35x11)	88.00 (35x5)	89.00 (35x11)
DiaPCA+2DPCA	90.50 (9x9)	89.00 (8x11)	90.00 (14x11)	90.00 (12x7)	---
DiaPCA Bilatérale	**90.50** (4x12)	90.00 (4x12)	90.00 (4x11)	90.00 (11x5)	---

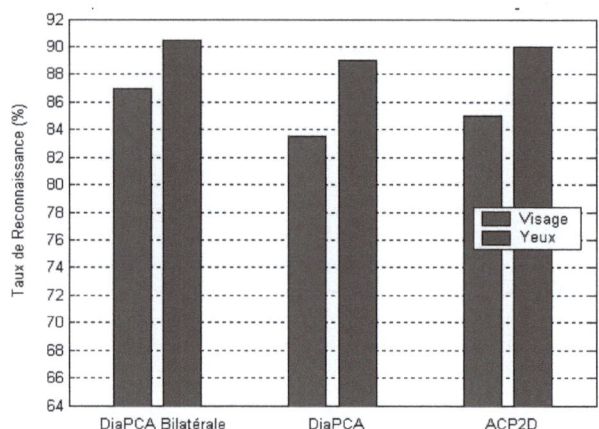

Figure V.9. *Comparaison entre le visage entier et les yeux en utilisant la distance de Yang sur la base FERET.*

V.4.2 Tests expérimentaux sur PF01

Les tests de simulations ont été menés sur les régions des yeux de la base PF01 en comparant DiaPCA bilatérale, DiaPCA et l'ACP2D avec les distances de Yang, de Frobenius, AMD, VM et la distance de Yang pondérée. La lecture du tableau V.5 nous permet de constater que les trois méthodes donnent des taux de reconnaissance identiques pour la distance de Yang et l'AMD. Cependant DiaPCA bilatérale avec AMD donne 90.65%, le meilleur taux de reconnaissance, avec une matrice caractéristique de taille (6x15) au lieu de (9x14) avec la distance de Yang. Egalement, DiaPCA bilatérale avec la distance de Frobenius dépasse DiaPCA et l'ACP2D.

Un autre point à discuter est les performances de la distance de Yang pondérée avec DiaPCA et l'ACP2D. Cette distance performe mieux en termes de taux de reconnaissance et/ou en espace mémoire que les autres mesures de similarité.

TABLEAU V.5.   Comparaison de différentes méthodes et mesures de similarité sur les régions des yeux
de la base PF01.

	Yang (p=1)	Frobenius (p=2)	AMD (p=0.125)	Volume Measure	Yang pondérée
ACP2D	87.85 (57x12)	81.30 (57x10)	87.85 (57x9)	85.04 (57x8)	87.85 (57x9)
DiaPCA	85.98 (57x11)	81.30 (57x11)	85.98 (57x11)	85.04 (57x10)	87.85 (57x11)
DiaPCA Bilatérale	**90.65** (9x14)	85.04 (5x13)	**90.65** (6x15)	---	---

Nous comparons, dans la figure V.10, les meilleurs taux de reconnaissance du visage entier et des régions des yeux obtenus par DiaPCA bilatérale, DiaPCA et l'ACP2D avec la distance de Yang. Il est très clair que la région des yeux dépasse largement le visage entier.

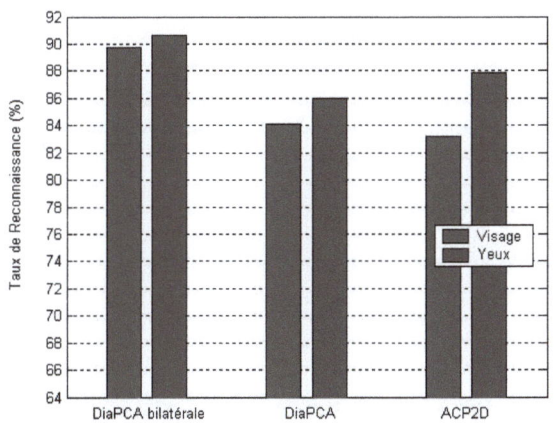

Figure V.10. *Comparaison entre le visage entier et les yeux en utilisant DiaPCA bilatérale et la distance de Yang sur PF01.*

V.5 Conclusion

Nous avons proposé, dans ce chapitre, une nouvelle approche bidimensionnelle dite analyse en composantes principales diagonale bilatérale (DiaPCA bilatérale) pour l'extraction de signatures et l'identification de personnes. Le principe consiste à projeter les images faciales originales à gauche et à droite dans un espace formé par les vecteurs propres des matrices de covariance des matrices de visages diagonales.

Nous avons également proposé et comparé l'identification par deux modalités faciales; le visage entier et la région des yeux. La lecture des résultats de simulations menées sur différentes bases de visages internationales; PF01, Yale et une sous base de FERET contenant 200 personnes nous ont permis de démontrer les bonnes performances de DiaPCA bilatérale que ce soit pour le visage entier ou les régions des yeux en termes de taux de reconnaissance et/ou en celui d'espace mémoire.

En conclusion, DiaPCA bilatérale est une technique 2D très prometteuse dans le contexte de la reconnaissance faciale. Les yeux sont une modalité d'identification d'individus très performante qui peut être une alternative au visage entier.

Conclusion Générale &

Perspectives

"Life is the art of drawing sufficient conclusions from insufficient premises"

Samuel Butler

Notre thèse s'inscrit dans le cadre de l'identification d'individus par le visage. Dans ce contexte biométrique, notre contribution a porté sur deux étapes essentielles dans le système de reconnaissance faciale. La première est la classification d'images de visages. Le choix d'une mesure de similarité est très critique du fait que la performance d'une distance dépend fortement des prétraitements, des variations dans l'éclairage, d'expressions faciales, de la taille et du nombre de personnes de la base de visages. Quant à la deuxième étape, elle est l'extraction de signatures et réduction de dimension nécessitée due aux grandes tailles des images faciales et des bases de données.

Nous avons introduit pour cela, les mesures de similarité 2D pondérées à savoir les distances de Yang, de Frobenius et l'assembled matrix distance (AMD). Le principe consiste à utiliser deux matrices de projection pondérées par les inverses des valeurs propres triées en ordre décroissant. La décision est effectuée par la règle du plus proche voisin. Pour évaluer les performances des distances pondérées en présence des variations d'éclairage et d'expressions faciales, nous avons conduit des tests de simulations sur plusieurs bases de visages internationales: ORL, JAFFE, Yale, PF01 et deux sous bases de FERET contenant 200 et 245 personnes. Les résultats montrent que les distances proposées sont plus meilleurs que les distances classiques que ce soit en termes de taux de reconnaissance et/ou en celui d'espace mémoire.

Notre deuxième contribution porte sur la proposition d'une nouvelle technique d'extraction de signatures et réduction de dimensions, inspirée de l'analyse en composantes principales diagonale (DiaPCA), dite DiaPCA bilatérale. Cette technique se repose sur une projection à gauche et à droite de l'image originale dans un nouvel espace linéaire formé par les vecteurs propres des matrices de covariance des matrices diagonales. Cette représentation diagonale présente l'avantage de préserver les corrélations entre les lignes et les colonnes de l'image et la projection bilatérale réduit les dimensions des lignes et colonnes simultanément. Les tests ont été réalisés en deux parties ; la première avec le visage entier et la deuxième avec la région des yeux. Les tests conduits sur les bases de visages Yale, PF01 et une sous base de FERET de 200 personnes montrent l'efficacité de DiaPCA bilatérale vis-à-vis de l'ACP2D, DiaPCA et DiaPCA+2DPCA en termes de taux de reconnaissance et/ou en celui d'espace mémoire. Egalement, les résultats de simulations en utilisant les régions des yeux avec l'ACP2D, DiaPCA ou DiaPCA bilatérale et différentes mesures de similarité prouvent que l'identification par cette région faciale dépasse largement l'identification par le visage entier. Le taux de reconnaissance le plus élevé est obtenu par les yeux et notre méthode DiaPCA bilatérale. Ces résultats nous permettent de dire que les yeux peuvent être une alternative au visage entier très prometteuse pour l'identification de personnes.

En perspectives, nous souhaitons, dans un premier temps, automatiser l'étape de segmentation des visages et d'extraction de régions faciales. Ensuite, continuer l'étude que nous avons entamée pour l'identification de personnes basée sur la symétrie du visage. Pour cela, nous avons utilisé la moyenne des demis-visage avec l'ACP2D et différentes mesures de similarité 2D classiques et pondérées. Les premiers tests de simulations conduits sur la base de Yale montrent clairement que la moyenne des demis-visage dépasse le visage entier. Nous pensons que ces résultats ouvrent un nouvel axe de recherche exploitant la symétrie du visage. Un autre point à explorer est la reconnaissance de visages 3D.

Bibliographie

[1] Anil K. Jain, P. Flynn, Arun A. Ross. Handbook of Biometrics, Springer, 2008.

[2] V. Bao, R. Blouet. Vérification de l'Identité par les Données Biométriques. *Intl. Conf. RIVF'04.* February 2-5, Hanoi, Vietnam, 2004.

[3] F. Perronnin et J-L. Duglay. Introduction à la Biométrie. Authentification des Individus par Traitement Audio-Vidéo. *Revue traitement du signal ;* Vol. 19, No. 4. 2002.

[4] M. Marzouki. Enjeux des Techniques de Biométrie-Une 1ère approche. *CNIL,* Septembre 2001.

[5] Nicolas Morizet. Reconnaissance Biométrique par Fusion Multimodale du Visage et de l'Iris. PhD de l'Ecole Nationale Supérieure des Télécommunications, Paris, 2009

[6] M. Chassé. La Biométrie au Québec : les Enjeux. Document d'analyse. *Commission d'accès à l'information du Québec.* Juillet 2002.

[7] R.P. Wildes. Iris Recognition: An Emerging Biometric Technology. *Proceedings of the IEEE,* Vol. 85, No. 9, Septembre 1997.

[8] A. Kumar, D.C. M. Wong, H.C. Shen, A.K. Jain. Personnal Verification Using Palm Print and Hand Geometry Biometric. *In Proceedings of Fourth International Conference on AVBPA, (Guildford, U.K.),* pp. 668-678, June 2002.

[9] G. Shakhnarovich and T. Darrell. On Probabilistic Combination of Face and Gait Cues for Identification. *Proceedings of the Fifth IEEE International Conference on Automatic Face and Gesture Recognition,* 2002.

[10] P. Yan and K. W. Bowyer. Biometric Recognition using Three-Dimensional Ear Shape. *IEEE Trans. Pattern Analysis and Machine Intelligence,* Vol. 29, No. 8, pp.1–12, August 2007.

[11] Souhila Guerfi Ababsa. Authentification d'Individus par Reconnaissance de Caractéristiques Biométriques Liées aux Visages 2D/3D. PhD de l'université Evry Val d'Essonne, France, 2008.

[12] A. Ross, A. Jain. Information Fusion in Biometrics. *Pattern Recognition Letters,* Vol. 24, pp. 2115-2125, 2003.

[13] P.J. Phillips, W.T. Scruggs, A. J. O'Toole, P. J. Flynn, K. W. Bowyer, C. L. Schott, M Sharpe. FRVT 2006 and ICE 2006 Large-Scale Results, *National Institute of Standards and Technology,* Tech. Rep. NISTIR 7408, March 29, 2007.

[14] W. Zhao, R. Chellappa, P.J. Philips and A. Rosenfeld. Face Rrecognition: A Literature Survey. *ACM Computing Surveys,* Vol. 35, No. 4, pp.399-458, December 2003.

[15] T. Kanade. Picture Processing by Computer Complex and Recognition of Human Faces. *Tech. Report. Kyoto University, Dep. of Information Science*, 1973.

[16] M.A. Turk and A.P. Pentland. Face Recognition Using Eigenfaces. *In Proceeding of IEEE Computer Vision and Pattern Recognition*, pp. 586-590, 1991.

[17] J. Meng, W. Zhang. Volume Measure in 2DPCA-based Face Recognition. *Pattern Recognition Letters,* Vol. 28, pp. 1203-1208, 2007.

[18] P.J. Phillips, H. Moon, P. Rauss, S.A. Rizvi. The FERET Evaluation Methodology for Face Recognition Algorithms. In *Proceedings of the First International Conference on Audio and Video-Based Biometric Person Authentication*, 1997.

[19] International biometric group (https://ibgweb.com/products/reports/bmir-2009-2014).

[20] W. Zhao, R. Chellappa and A.Krishnaswamy. Discriminant Analysis of Principal Components for Face Recognition. *International Conference on Automatic Face and Gesture Recognition*, pp. 336-341, 1998.

[21] B. Leroy, A. Chouakria, I.L.Herlin et E.Diday. Approche Géométrique et Classification pour la Reconnaissance de Visage. *INRIA*, France, 1996.

[22] M-H. Yang, D.J. Kriegman and N. Ahuja. Detecting Faces in Images: A Survey. *IEEE Transactions on Pattern Analysis and Machine Intelligence*, Vol. 24, No. 1, January 2002.

[23] H. Gu, G. Su and C. Du. Features Points Extraction from Faces. *Image and Vision Computing NZ*, Palmerston North, November 2003.

[24] Zakia Hammal. Facial Features Segmentation, Analysis and Recognition of Facial Expressions using the Transferable Belief Model. PhD de l'université Joseph Fourier de Grenoble, 2006.

[25] Maulin R. Gandhi. A Method for Automatic Synthesis of Aged Human Facial Images. McGill university, Montreal, Canada, August 2004.

[26] X.Wang and X. Tang. Face Photo-Sketch Synthesis and Recognition. *IEEE Transactions on Pattern Analysis and Machine Intelligence,* Vol. 31, No. 11, Novembre 2009.

[27] I.J. Cox, J. Ghosn and P.N. Yianilos. Feature-Based Recognition Using Mixture Distance. *In Proceedings, IEEE Conference on Computer Vision and pattern Recognition*. pp. 209-216, 1996.

[28] R. Brunelli and T. Poggio. Face Recognition: Features Versus Templates. *IEEE Transactions on Pattern Analysis and Machine Intelligence,* Vol. 15, pp. 1042-1052, 1993.

[29] A.J. Goldstein, L.D. Harmon and A.B. Lesk. Identification of Human Faces. *Proc.of the IEEE*, Vol. 59, No. 5, pp. 748-760, 1971.

[30] L.D. Harmon, M.K. Khan, R. Lasch and P.F. Raming. Machine Identification of Human Faces. *Pattern Recognition*, Vol. 13, No. 2, pp. 97-110, 1981.

[31] Abdelhalim Boualleg. La Reconnaissance Automatique des Visages. *Mémoire de magister*, université de Guelma, 2004.

[32] Ferdinando Silvestro Samaria. Face Recognition using Hidden Markov Models. *PhD, university of Cambridge,* 1994.

[33] T-P. Nguyen et T-H-L. Nguyen. Une Solution de Vérification de Visage basée sur l'Extraction des Caractéristiques de Type 'pic' et 'crête' de l'Image. *Intl. Conf. RIVF'04*, February 2-5, Hanoi, Vietnam, 2004.

[34] J. Khelil, **Ch. Rouabhia** et H.Tebbikh. Reconnaissance Automatique de Visages par Approche Locale, *The 2nd International Conference on Systems and Processing Information (ICSIP'11)*, May 15-17, 2011, Guelma, Algeria.

[35] P. Jonathon Phillips, Patrick Grother, Ross J. Micheals, Duane M. Blackburn, Elham Tabassi, Mike Bone. Face Recogntion Vendor Test 2002: Evaluation Report, march 2003.

[36] P.N. Belhumeur, J.P. Hespanha and D.J.Kriegman. Eigenfaces vs Fisherfaces: Recognition Using Class Specific Linear Projection. *In IEEE Transactions on Pattern Analysis and Machine Intelligence,* Vol. 19, No.7, pp. 711-720, July 1997.

[37] D.L. Swets and J. Weng. Using Discriminant Eigenfeatures for Image Retrieval. *IEEE Trans. on PAMI,* Vol. 18, pp. 831-836, Aug.1996.

[38] M.S. Bartlett, H.M. Lades and T. Sejnowski, Independent Component Representation for Face Recognition. *In Proceedings, SPIE Symposium on Electronic Imaging: Science and Technology.* pp. 528-539, 1998.

[39] S. Raudys and R.P.W. Duin. On Expected Classification Error of the Fisher Linear Classifier with Pseudo-Inverse Covariance Matrix. *Pattern Recognition Letter*, 1998.

[40] J. Lu, K.N. Plataniotis, and A.N. Venetsanopoulos. Regularized Discriminant Analysis for the Small Sample Size Problem in Face Recognition. *Pattern Recognition Letter*, 2003.

[41] P. Howland and H. Park. Generalizing Discriminant Analysis using the Generalized Singular Value Decomposition. *IEEE Trans. on PAMI,* 2004.

[42] H. Yu and J. Yang. A Direct LDA Algorithm for High-Dimensional Data with Application to Face Recognition. *Pattern Recognition*, 2001.

[43] R. Huang, Q.S. Liu, H.Q. Lu, and S.D. Ma. Solving the Small Sample Size Problem of LDA. In *Proceedings of ICPR*, 2002.

[44] C. Liu and H. Wechler. Evolutionary Pursuit and its Application to Face Recognition. *IEEE Trans.Patt.Anal.March.Intell.* Vol. 22, pp. 570-582, 2000.

[45] S.H. Lin, S.Y. Kung and L.J. Lin. Face Recognition/Detection by Probabilistic Decision-Based Neural Network. *IEEE Transactions Neural Network*. Vol. 8, pp. 114-132, 1997.

[46] S.Z. Li and J. Lu. Face Recognition Using the Nearest Feature Line Method. *IEEE Transactions On Neural Networks*, Vol. 10, No. 2, pp. 439-443, 1999.

[47] M.A.O. Vasilescu and D. Terzopoulos. Multilinear Analysis of Image Ensembles: TensorFaces. *In Proceedings of European Conference on Computer Vision*, pp. 447-460, Copenhagen, Denmark, May 2002.

[48] X. He, S. Yan, Y.Hu, P. Niyogi and H-J. Zhang. Face Recognition using Laplacianfaces. *IEEE Trans. On Pattern Analysis and Machine Intelligence*, Vol. 27, No. 3, March 2005.

[49] J. Yang, D. Zhang, A.F. Frangi and J-Y. Yang. Two Dimensional PCA: A New Approach to Appearance-Based Face Representation and Recognition. *IEEE Transaction on Pattern Analysis and Machine Intelligence*, Vol. 26, No. 1, January 2004.

[50] H. Kong, X. Li, L. Wang, E.K. Teoh, J.G. Wang and R. Venkateswarlu. Generalized 2D Principal Component Analysis. *In Proceedings of IJCNN*, 2005.

[51] M. Visani, C. Garcia and J.M. Jolion. Two Dimensional-Oriented Discriminant Analysis for Face Recognition. *In Proc. of the Int. Conf. On Computer Vision and Graphics(ICCVG'04)*, pp. 1008-1017, 2004.

[52] H. Kong, L. Wang, E.K. Teoh, J-G.Wang and R. Venkateswarlu. A Frame Work of 2D Fisher Discriminant Analysis: Application to Face Recognition With Small Number of Training Samples. *IEEE International Conference on Computer Vision and Pattern Recognition (CVPR'05)*, pp. 1083-1088, San Diego, USA, 20-25 June 2005.

[53] H. Kong, E.K. Teoh, J-G. Wang and C. Kambhamettu. Generalized 2D Fisher Discriminant Analysis. *British Machine Vision Conference (BMVC)*, September 2005, Oxford, UR.

[54] M. Visani, C. Garcia and J.M. Jolion. Face Recognition using Modular Billinear Discriminant Analysis. *In Proceedings of the International Conference on Visual Information Systems (VIS 2005)*, pp. 24-34, Amsterdam, Pays-Bas, Juillet 2005.

[55] **Ch. Rouabhia**, A/H. Boualleg et H. Tebbikh, Approche Bidimensionnelle Hybride Neuro-ACPDL2D pour la Reconnaissance Automatique de Visages, *In Proceedings of the 4th International Conference: IEEE Sciences of Electronics, Technologies of Information and Telecommunications (IEEE SETIT 2007)*, Hammamet, Tunisia, 24-29 Mars 2007.

[56] **Ch. Rouabhia** and H.Tebbikh, Hybrid Feature Extraction-based Approach for Partial Parts Representation and Recognition. *American Institute of Physics Proceedings (AIP), Intelligent Systems and Automation*, Vol. 1019, pp. 20-24, 2008.

[57] Q. Gao, L. Zhang, D. Zhang. Sequential Row–Column Independent Component Analysis for Face Recognition. *Neurocomputing* Vol. 72, pp. 1152–1159, 2009.

[58] V. Radha and M. Pushpalatha. Comparison of PCA Based and 2DPCA Based Face Recognition Systems. *International Journal of Engineering Science and Technology*, Vol. 2, No. 12, pp. 7177-7182, 2010.

[59] B.A. Drapper, K. Baek, M.S. Bartlett, J.R. Beveridge. Recognizing Faces with PCA and ICA. *Computer Vision and Image Understanding*, Vol. 91(1-2), pp. 115-137, July/Aug 2003.

[60] Anis Chaari. Nouvelle Approche d'Identification dans les Bases de Données Biométriques Basée sur une Classification non Supervisée. université d'Evry Val d'Essonne, 2009.

[61] G. Shakhnarovitch and B. Moghaddam. Face Recognition in Subspaces. Handbook of Face Recognition, Springer-Verlag, 2004.

[62] B. Moghaddam. Principal Manifolds and Bayesian Subspaces for Visual Recognition. *IEEE Transactions on Pattern Analysis and Machine Intelligence*, Vol. 24, No. 6, pp. 780-788, June 2002.

[63] W. Zhao, R. Chellappa and P.J. Philips. Subsapce Linear Discriminant and Analysis for Face Recognition. *Tech.Rep.CAR-TR-914, Center for Automation Research, University of Maryland Colege Park, MD*, 1999.

[64] A.Pentland, B.Moghaddam and T.Starner. View Based and Modular Eigenspaces for Face Recognition. *IEEE Conference on Computer Vision and Pattern Recognition*, 1994.

[65] B. Moghaddam and A. Pentland. Probabilistic Visual Learning for Object Representation. *IEEE Trans. Patt. Anal.Mach. Intell*, Vol. 19, pp. 696-710, 1997.

[66] Y. Gao, M.K.H Leung. Face Recognition Using Line Edge Map. *IEEE Transactions On Pattern Analysis and Machine Intelligence*, Vol. 24, No .6, June 2002.

[67] Y-N Chen, C-C Han, C-T Wang, and K-C Fan. Face Recognition Using Nearest Feature Space Embedding, *IEEE Transaction on Pattern Analysis and Machine Intelligence*, Vol. 33, No. 6, June 2011

[68] Y. Moses, Y. Adini and S. Ullman. Face Recognition: The Problem of Compensating for Changes in Illumination Direction. *European Conf. Computer Vision*, pp. 286-296, 1994.

[69] K. Sung and T. Poggio. Example-Based Learning for View-Based Human Face Detection. *IEEE Trans.Patt Anal. Mach. Intell*, Vol. 20, pp. 39-51, 1997.

[70] D.J. Beymer. Face Recognition Under Varying Pose. *Tech.Report.1461.MIT AI Lab, Massachusetts Institute of Technology*, Cambridge, MA, 1993.

[71] L. Wiscott, J-M. Fellous and V. DerMalsburg. Face Recognition by Elastic Bunch Graph Matching. *IEEE Trans.Patt Anal. Mach. Intell*, Vol. 19, pp. 775-779, 1997.

[72] W. Zhao and R. Chellappa. SFS Based View Synthesis for Robust Face Recognition. *In Proceedings International Conference on Automatic Face and Gesture Recognition*, 2000.

[73] N. Funabiki, M. Isogai, T. Higashino and M. Oda. An Eye Contour Extraction Algorithm From Face Image Using Deformable Template Matching. *Memoirs of the Faculty of Engineering Okayama university*, Vol. 40, pp. 78-82, January, 2006.

[74] PW. Hallinan. Recognizing Human by Eyes, *In SPIE Proceedings*, Vol.1570: Geometric Methods *In Computer Vision*, pp. 214-226, 1991.

[75] A.L. Yuille, D.S. Cohen and P.W. Hallinan. Feature Extraction from Faces Using Deformable Templates. *Int.J.Comput.Vis*, Vol. 8, pp. 99-112, 1992.

[76] T.Cootes, C.Taylor, D.Cooper and J.Graham. Active Shape Models-Their Training and Application. *Comput.Vis.Image Understand*, Vol. 61, pp. 18-23, 1995.

[77] A.Lanitis, C.J.Taylor and T.F Cootes. Automatic Face Identification System Using Flexible Appearance Models. *Image Vis. Comput*, Vol. 13, pp. 393-401, 1995.

[78] T.F. Cootes, G.J. Edwards and C.J. Taylor. Active Appearance Models. *Proc. European Conference on Computer Vision,* Vol. 2, pp. 484-498, Springer, 1998.

[79] I. Craw, H. Ellis and J. Lishman. Automatic Extraction of face Features. *Pattern Recognition Letter*, Vol. 5, pp. 183-187, 1987.

[80] D. Zhang, Z-H. Zhou. $(2D)^2$PCA: Two-Directional Two-Dimensional PCA for Efficient Face Representation and Recognition, *Neurocomputing* Vol. 69, pp. 224–231, 2005.

[81] D. Zhang, Z-H Zhou, and S. Chen. Diagonal Principal Component Analysis for Face Recognition. *Pattern Recognition,* Vol. 39, pp. 140-142, 2006.

[82] **Chahrazed Rouabhia.** Approches Bidimensionnelles Hybride Neuro-ACPDL2D & Locales pour la Reconnaissance Automatique de Visages, *mémoire de magister,* université de Guelma, 2007.

[83] Y. Qi, J. Zhang. $(2D)^2$PCALDA: An efficient Approach for Face Recognition, *Applied Mathematics and Computation*, Vol. 213, pp. 1–7, 2009.

[84] Y. Zeng, D. Feng, L. Xiong. An Algorithm of Face Recognition Based on the Variation of 2DPCA. *Journal of Computational Information Systems,* Vol. 7, No. 1 pp. 303-310, 2011.

[85] Boulbaba Ben Amor. Contributions à la Reconstruction, la Reconnaissance et l'Authentification Faciale 3D. PhD de l'Ecole Doctorale Informatique et Information pour la Société de Lyon, 2006.

[86] P. J. Phillips, P. J. Flynn, T. Scruggs, K. W. Bowyer, J. Chang, K. Hoffman, J. Marques, J. Min, and W. Worek. Overview of the Face Recognition Grand Challenge. *In IEEE Computer Society Conference on Computer Vision and Pattern Recognition*, pp. 947–954, 2005.

[87] W. Zuo, D. Zhang, K. Wang. An Assembled Matrix Distance Metric for 2DPCA-based Image Recognition. *Pattern Recognition Letters,* Vol. 27, No. 3, pp. 210–216, 2006.

[88] P. J. Phillips, P.J. Flynn, J. R. Beveridge, W.T. Scruggs, A.J. O'Toole, D. Bolme, K.W. Bowyer, B.A. Draper, G.H. Givens, Y.M. Lui, H. Sahibzada, J.A. Scallan, and S. Weimer. Overview of the Multiple Biometrics Grand Challenge.

[89] K. Peng, L. Cheng. A Robust Algorithm for Eye Detection On Gray Intensity Face Without Spectacles. *JCS &T., V*ol. 5, No. 3, pp. 127-132, October 2005.

[90] W. Zuo, K. Wang and D. Zhang. Assembled Matrix Distance Metric for 2DPCA-based Face and Palmprint Recognition. *Proceeding of 4th International Conference on Machine Learning and Cybernetics*, 2005, Guangzhou.

[91] J. Yang, and J.Y. Yang. From Image Vector to Matrix: a Straightforward Image Projection Technique – IMPCA vs. PCA, *Pattern Recognition,* Vol. 35, pp. 1997-1999, 2002.

[92] **Ch. Rouabhia**, K. Hamdaoui and H. Tebbikh. Weighted Matrix Distance Metric for Face Images Classification. *IEEE International Conference on Machine and Web Intelligence (IEEE ICMWI'10)*, pp. 312-316, October 2010, Algeria.

[93] **Ch. Rouabhia**, H. Tebbikh. Mesure de Similarité Pondérée dans l'Espace 2D: Application à la Reconnaissance de Visages. *COnférence en Recherche d'Informations et Applications (CORIA), 7th French Information Retrieval Conference Proceedings*, pp. 373-385, Sousse, Tunisia, 2010.

[94] M. Bengherabi, L. Mezai, F.Harizi, M.Cheriet, A.Guessoum. Face recognition based on 2DPCA, DIAPCA and DIA2DPCA in DCT domain. *The 5th International Multi-Conference on Systems, Signals and Devices, IEEE SSD*, Amman, Jordan, July 20-23, 2008.

[95] **Ch. Rouabhia** et H. Tebbikh. Feature Matrices Fusion and AMD-based Technique for Face Identification. *The 2nd International Conference on Systems and Information Processing (ICSIP'11)*, May 15-17, 2011, Guelma, Algeria.

[96] **Ch. Rouabhia**, J. Khelil et H. Tebbikh. Nouvelle Distance Pondérée pour la Classification d'Images de Visages. *Proceedings du 5ème Symposium International Images Multimédias Applications Graphiques et Environnements (IMAGE'09)*, Biskra, Algérie, 3-5 Novembre 2009.

[97] **Ch. Rouabhia** and H. Tebbikh. Efficient Face Recognition based on Distance Metrics and 2DPCA Algorithm. *Archives of Control Sciences*, Vol. 21(LVII), pp. 207-221, No. 2, 2011.

[98] Y-G. Kim, Y-J. Song, U-D. Chang, D-W. Kim, T-S. Yun, J-H. Ahn. Face Recognition using a Fusion Method based on Bidirectional 2DPCA. *Applied Mathematics and Computation*, Vol. 205, pp. 601–607, 2008.

[99] K-W. Wong, K-M. Lam, W-C. Siu. An Efficient Algorithm for Human Face Detection and Facial Feature Extraction under Different Conditions. *Centre for Multimedia Signal Processing, Department of Electronic and Information Engineering, The Hong Kong Polytechnic University, Hung Hom, Hong Kong, Pattern Recognition 34*, 2001.

[100] J. Harguess and J. K. Aggarwal. A Case for the Average-Half-Face in 2D and 3D for Face Recognition, *CVPR Biometrics Workshop*, Miami, 2009.

[101] **Ch. Rouabhia** and H. Tebbikh. Bilateral Diagonal PCA based on Matrix Distance Metrics: a Projection Technique for Face Identification. *Journal of Electronic Imaging*, Vol. 22, No. 2, June 2013.

[102] **Ch. Rouabhia** et H. Tebbikh. Eyes vs. Face: Bilateral Diagonal PCA Algorithm-based Biometric Identification. *The 3rd International Conference on Systems and Information Processing (ICSIP'13)*, May 12-14, 2013, Guelma, Algeria.

Annexes

Annexe A
Bases de Visages

1. Base du LAIG

La base de visages du LAIG [31] a été acquise au laboratoire d'automatique et informatique de Guelma (LAIG) en 2003/2004 sous des conditions d'éclairage contrôlées et avec des prises de vues frontales et presque frontales. Cette base contient 400 images de 40 personnes (20 hommes et 20 femmes) ayant chacune une séquence vidéo de 10 images. Lors de l'acquisition des images, chaque personne est invitée à prononcer la phrase « reconnaissance automatique de visages ».

Figure 1. *Extrait de la base du LAIG.*

Un extrait d'images de la base du LAIG est illustré en figure 1. Nous illustrons, ci-dessous, un exemple d'une séquence vidéo d'une personne.

Figure 2. *Séquence vidéo d'une personne de la base du LAIG.*

2. Base ORL (Olivetti Research Laboratory)

La base ORL, gratuitement disponible via ce lien http://www.uk.research.att.com/facedatabase.html, a été collectée entre 1992 et 1994 dans le cadre d'un projet mené par AT & T en collaboration avec l'université de Cambridge. Elle contient 40 personnes ayant chacune 10 vues différentes comme le montre la figure 3. La Base ORL est l'une des bases les plus utilisée pour évaluer les performances de tout nouvel algorithme en présence des variations dans les conditions d'illumination, des expressions faciales (sourire, yeux fermés), de poses de la tête et d'occultations partielles (port de lunettes). Pour tous nos tests de simulations, ORL a été partitionnée en deux sous bases de 200 images chacune l'une pour l'apprentissage et l'autre pour le test. Les images originales, de dimensions (112□ □92) pixels, ont été utilisées sans aucun prétraitement.

Figure 3. *Les 40 personnes de la base ORL.*

3. Base JAFFE (JApanese Female Face Expression)

La base JAFFE (http://www.kasrl.org/jaffe_download.html) contient 213 images de 10 femmes japonaises avec les sept expressions faciales universelles (neutre, joie, tristesse, surprise, colère, dégout et la peur), c'est pourquoi elle est utilisée pour évaluer les performances des systèmes de reconnaissance faciale en présence des variations d'expressions faciales. Pour nos tests, nous avons subdivisé la base en 7 sous bases avec 2 images par expression soit en total 140 images à traiter. La base d'apprentissage contient uniquement l'expression neutre (20 images) et les six bases de test contiennent séparément les six autres expressions (20 images par expression). Les images originales dont un extrait est présenté en figure 4 sont de tailles (256x256) pixels. La phase de prétraitement consiste, dans ce cas, à centrer et segmenter les visages à une résolution de (126x110) pixels.

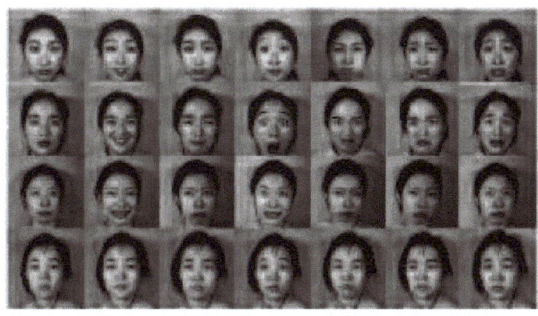

Neutre   Joie   Tristesse   Surprise   Colère   Dégout   Peur

Figure 4. *Extrait de la base JAFFE avec les sept expressions faciales.*

4. Base PF01

La base PF01 (http://nova.postech.ac.k) contient 107 personnes (56 hommes et 51 femmes) avec 17 variations différentes (expressions faciales, pose de la tête et illumination). Les images originales sont de tailles (256x256) pixels. Nous avons choisis, pour nos tests, des vues de face avec les différentes expressions faciales. Les visages ont été centrés et segmentés à une résolution de (119x115) pixels avant d'appliquer l'égalisation d'histogramme. La base choisie a été partitionnée en une base d'apprentissage contenant l'expression neutre et deux sous bases pour le test; l'une contient uniquement l'expression sourire et l'autre toutes les expressions faciales. La figure 5 illustre les images de deux personnes avec les différentes expressions faciales.

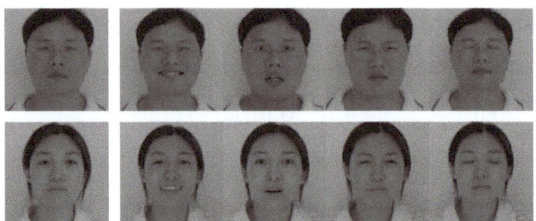

Figure 5. *Un extrait de la base PF01 avec les différentes expressions faciales (neutre, sourire, surprise, colère, et yeux fermés).*

5. Base de Yale

La base de Yale, disponible via ce lien http://cvc.yale.edu/projects/yalefaces/yalefaces.html, a été acquise au centre « Yale of computational vision and control ». Cette base contient 15 personnes ayant chacune 11 images en niveau de gris soit 165 images en total. La base de Yale est utilisée pour évaluer les performances des systèmes de reconnaissance faciale en présence des variations d'expressions faciales (neutre, joie, tristesse, yeux fermés, surprise et clignement d'un œil), des variations d'illumination (3 angles d'éclairage différents) et d'occultation partielle (port de lunettes). La figure 6 montre les images originales d'une personne qui sont de tailles (320x243) pixels. Pour cela, nous avons centré et segmenté toutes les images à une taille de (101x106) pixels.

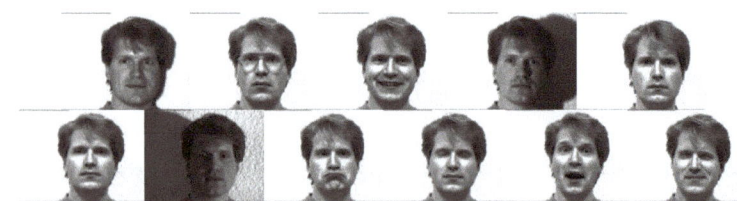

Figure 6. *Images originales d'une personne de la base de YALE (1ère ligne pour l'apprentissage et la 2ème pour le test).*

6. Base FERET

La base FERET (http://www.itl.nist.gov/iad/humanid/feret) a été collectée dans le cadre du programme « Facial Recognition Technology » mené par le « National Institut of Standard and Technology » américain. Les images originales sont de tailles (384x256) pixels.

Figure 7. *Extrait d'images originales de la base FERET.*

Pour nos tests, nous avons choisi, aléatoirement, deux sous bases l'une contient 200 personnes et l'autre 245 personnes. Pour chaque personne nous disposons de deux vues (fa et fb), généralement, une expression neutre et un sourire.

Figure 8. *Prétraitements des images de visages : rotation, redimensionnement, segmentaion et égalisation d'histogramme.*

Les prétraitements des images originales de la base FERET sont illustrées en figure 8. Ils comportent : i) rotation de manière à rendre l'axe inter occulare parallèle à l'axe des x, ii) redimensionnement pour réduire la taille, iii)

segmentation des visages à une résolution de (90x79) pixels et iv) égalisation
d'histogramme. Un exemple de visages segmentés est illustré en figure 9.

Figure 9. *Extrait de visages segmentés de la base FERET.*

Annexe B
Localisation & Segmentation des Régions Faciales [82]

1. Segmentation du visage

La figure 10 schématise les différentes étapes de localisation et segmentation des visages de la base du LAIG (Annexe A). Les visages segmentés sont de tailles (73×56) pixels.

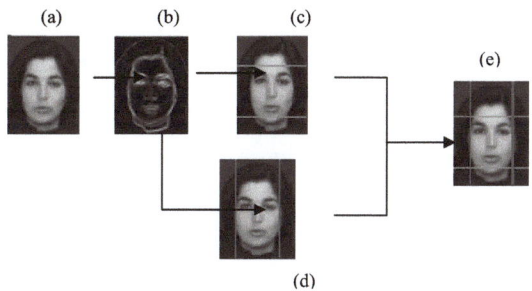

Figure 10. *Localisation automatique de visages.* ***a)*** *Image originale,* ***(b)*** *Norme du gradient de l'image,* ***(c)*** *Limites horizontales obtenues par une projection horizontale,* ***(d)*** *Limites verticales obtenues par une projection verticale et* ***(e)*** *visage segmenté.*

Les projections verticales et horizontales du gradient d'une image de taille $(n \times m)$ vérifient respectivement :

$$H_v(i) = \sum_{j=1}^{n} I_g(i,j) \quad \text{pour} \quad 1 \le i \le m \tag{1}$$

$$H_h(j) = \sum_{i=1}^{m} I_g(i,j) \quad \text{pour} \quad 1 \le j \le n \tag{2}$$

Les limites horizontales représentées en figure 10(c) sont données par :

$$y_H = \arg\max_j \left(H_h(j) \right) + l_1 \quad \text{avec} \quad 1 \le j \le \frac{n}{4} \tag{3}$$

$$y_L = \arg\max_j \left(H_h(j) \right) + l_2 \quad \text{avec} \quad 3.\frac{n}{4} \le j \le n \tag{4}$$

Où l_1 et l_2 sont deux constantes déterminées expérimentalement pour que la limite supérieure y_H soit au-dessus des sourcils et que la limite inférieure y_L soit au-dessous de la lèvre inférieure.

Quant aux limites verticales (figure 10(d)), elles sont données par :

$$x_L = \arg\max_i(H_v(i)) \quad \text{avec} \quad 1 \leq i \leq \frac{m}{3} \tag{5}$$

$$x_R = \arg\max_i(H_v(i)) \quad \text{avec} \quad 2.\frac{m}{3} \leq i \leq m \tag{6}$$

2. Localisation des yeux

Pour localiser les iris et par conséquent les deux yeux, nous avons adopté la méthode de [21]. Pour cela, nous effectuons un balayage de toute l'image de haut en bas en vue de rechercher les maxima de la fonction d'intensité de niveau de gris; les positions retournées sont celles des iris. L'application de cette méthode sur les images originales de la base du LAIG, nous a permis de localiser précisément les iris des yeux comme le montre la figure 11.

Figure 11. *Exemples de correctes localisations des éléments du visage.*

3. Localisation des sourcils

Pour localiser les sourcils, notre idée consiste à calculer la norme du gradient d'une image et de rechercher, au dessus de chaque iris, la valeur maximale le long de la colonne verticale passant par l'iris localisé auparavant (figure 11).

4. Localisation du nez

Pour localiser le nez, nous avons commencé par appliquer la méthode de [21] dont le principe consiste à déterminer la somme, en chaque point, de la norme du gradient spatio-temporel. L'image résultante vérifie:

$$I_{som} = \sum_{i=1}^{n_c} \sqrt{\left(\frac{\partial I_i(x,y,t)}{\partial x}\right)^2 + \left(\frac{\partial I_i(x,y,t)}{\partial y}\right)^2 + \mu\left(\frac{\partial I_i(x,y,t)}{\partial t}\right)^2} \tag{7}$$

où $I(x,y,t)$ désigne l'intensité de niveau de gris, x et y les composantes spatiales, t la composante temporelle et μ un terme de normalisation dépendant de l'échantillonnage temporel de la séquence et du mouvement du visage. Ainsi, on prend en considération le fort gradient spatial de la région inférieure du nez et le gradient temporel dû aux mouvements de la tête et des lèvres. Sur l'image I_{som} de l'équation 7, on recherche le long de la médiatrice du segment passant par les iris les deux régions ayant les plus fortes valeurs. Leurs positions correspondent à la partie inférieure du nez et au centre de la bouche.

Cependant, l'application de cette technique à partir des images originales de la base du LAIG, n'a pas donné de correctes localisations notamment pour les hommes moustachus et/ou barbus et les femmes portant un voile (les valeurs maximales peuvent coïncider avec une moustache, une barbe, un voile, etc.). Pour améliorer la précision de la localisation, nous proposons une technique basée sur la partition et la géométrie du visage (figure 12). Pour cela, commençons par segmenter les visages en se basant sur les proportions anthropométriques entre les différents éléments faciaux. Connaissant l'écart entre les yeux, ces proportions, schématisée en figure 12 (a), vérifient [99] :

$$H_{face} = 1.8 . D_{eye} \qquad\qquad\qquad (8)$$

$$L_{face} = 2 . W_{eye} + D_{eye} \qquad\qquad (9)$$

$$W_{eye} = 0.225 . H_{face} \qquad\qquad\quad (10)$$

$$H_{eye} = \frac{1}{5} H_{face} \qquad\qquad\qquad\quad (11)$$

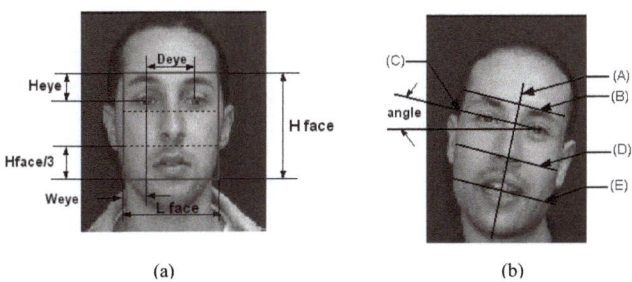

(a)   (b)

Figure 12. *(a) Partitionnement et (b) géométrie du visage.*

Une fois ces proportions déterminées (pratiquement, nous avons utilisé au lieu de la valeur 1.8 de l'équation (8) la valeur 2.1), le visage peut être partitionné en 3 trois parties égales. La première contient les sourcils et les yeux, la seconde contient le nez et la troisième la bouche. Pour améliorer la précision de localisation du nez, nous limitons la recherche par la fin de la $2^{\text{ème}}$ partition.

Quant aux visages orientés, la précision est améliorée grâce à la géométrie du visage (voir figure 12(b)): la ligne (C) passant par les iris est toujours perpendiculaire à la ligne (A) passant par le nez et la bouche. Les lignes (B), (D) et (E) qui passent respectivement par les sourcils, le nez et la bouche sont parallèles à la ligne (C). Le nez est donc le point d'intersection de la ligne (A) et (D), la bouche est localisée par l'intersection des lignes (A) et (E). La figure 11 illustre des exemples de la localisation des yeux, des sourcils, du nez et de la bouche des images de la base du LAIG.

5. Segmentation des régions faciales

Une fois les éléments faciaux localisés, l'extraction des régions qui contiennent les yeux revient à extraire, pour chaque visage de la séquence, deux rectangles de tailles suffisantes; quelques pixels au-dessus des sourcils et quelques pixels au-dessous des iris tout en veillant à ne pas prendre les foulards des femmes. Ainsi, ces rectangles ne contiennent que le sourcil et l'œil gauche et le sourcil et l'œil droit.

Pour la région contenant le nez, nous avons veillé à ce qu'elle ne contient pas les moustaches. Ainsi, nous assurons une correcte reconnaissance de personnes basée uniquement sur la forme du nez compte tenu que les hommes peuvent laisser ou enlever leurs moustaches et barbes.

Annexe C
Algorithme Back-propagation

1. Détermination des dérivées des sigmoïdes

a) Pour la couche de sortie

$$z_j = g(s_j) = \frac{1}{1 + e^{-\alpha.s_j}}$$

$$g'(s_j) = \alpha.e^{-\alpha.s_j} . \frac{1}{\left(1 + e^{-\alpha.s_j}\right)^2} = \alpha.\left(1 + e^{-\alpha.s_j} - 1\right)z_j^2$$

$$g'(s_j) = \alpha.\left(z_j^{-1} - 1\right)z_j^2 = \alpha.z_j.\left(1 - z_j\right)$$

b) Pour la couche cachée

$$y_m = f(r_m) = \frac{1}{1 + e^{-\alpha.r_m}} \quad \text{et} \quad f'(r_m) = \alpha.y_m.(1 - y_m)$$

2. Détermination des dérivées partielles de la fonction erreur

a) Poids et les biais de la couche de sortie

$$\frac{\partial E}{u_{mj}} = \left(\frac{\partial E}{\partial z_j}\right).\left(\frac{\partial z_j}{\partial s_j}\right).\left(\frac{\partial s_j}{\partial u_{mj}}\right) = \left[\frac{\partial}{\partial z_j}\left(\sum_{j=1}^{J}(d_j - z_j)^2\right)\right]\left[\frac{\partial}{\partial s_j}g(s_j)\right]\left[\frac{\partial}{\partial u_{mj}}\left(\sum_{m=1}^{M}y_m u_{mj} + b_j^O\right)\right]$$

$$= -2.(t_j - z_j).\alpha.z_j.(1 - z_j).y_m$$

$$\frac{\partial E}{\partial b_j^O} = -2.(t_j - z_j).\alpha.z_j.(1 - z_j)$$

b) Poids et les biais de la couche cachée

$$\frac{\partial E}{\partial w_{nm}} = \left(\frac{\partial E}{\partial y_m}\right)\left(\frac{\partial y_m}{\partial r_m}\right)\left(\frac{\partial r_m}{\partial w_{nm}}\right)$$

$$= \left[\frac{\partial}{\partial y_m}\left(\sum_{j=1}^{J}(d_j - z_j)^2\right)\right]\left[\frac{\partial}{\partial r_m}f(r_m)\right]\left[\frac{\partial}{\partial w_{nm}}\left(\sum_{n=1}^{N}w_{nm}x_n + b_m^H\right)\right]$$

$$= \left[\frac{\partial}{\partial s_j}\left(\sum_{j=1}^{J}(d_j - z_j)^2\right).\frac{\partial s_j}{\partial y_m}\right].f'(r_m).x_n$$

$$= \left[-2\sum_{j=1}^{J}(d_j - z_j).g'(s_j).\frac{\partial}{\partial y_m}\left(\sum_{m=1}^{M}u_{mj}y_m + b_j^O\right)\right].f'(r_m).x_n$$

$$= -2.\left(\sum_{j=1}^{J}(d_j - z_j)^2.\alpha.z_j.(1 - z_j).u_{mj}\right).\alpha.y_m.(1 - y_m).x_n$$

$$\frac{\partial E}{\partial b_m^H} = -2.\left(\sum_{j=1}^{J}(d_j - z_j)^2.\alpha.z_j.(1 - z_j).u_{mj}\right).\alpha.y_m.(1 - y_m)$$

Annexe D
Assembled Matrix Distance (AMD) $[90]$

Définition 1 La norme de Frobenius de la matrice $A = [a_{ij}]_{m \times d}$ est définie par

$$\|A\|_F = \sqrt{\sum_{i=1}^{m} \sum_{j=1}^{d} a_{ij}^2}$$

Définition 2 Une norme vectorielle dans $\mathfrak{R}^n$ est une fonction $f : \mathfrak{R}^n \to \mathfrak{R}$ avec les propriétés suivantes:

- $f(x) \geq 0, \ x \in \mathfrak{R}^n \ \left(f(x) = 0 \Leftrightarrow x = 0 \right)$
- $f(x + y) \leq f(x) + f(y), \ x, y \in \mathfrak{R}^n$
- $f(\alpha x) \leq |\alpha| f(x), \alpha \in \mathfrak{R}, x \in \mathfrak{R}^n$

Définition 3 Une norme matricielle dans $\mathfrak{R}^{m \times d}$ est une fonction $f : \mathfrak{R}^{m \times d} \to \mathfrak{R}$ avec les propriétés suivantes:

- $f(A) \geq 0, \ A \in \mathfrak{R}^{m \times d} \ \left(f(A) = 0 \Leftrightarrow A = 0 \right)$
- $f(A + B) \leq f(A) + f(B), \ A, B \in \mathfrak{R}^{m \times d}$
- $f(\alpha A) \leq |\alpha| f(A), \alpha \in \mathfrak{R}, A \in \mathfrak{R}^{m \times d}$

Théorème 1 La fonction $\|x\|_p = \left(\sum_{i=1}^{n} |x_i|^p \right)^{y_p}$ est une norme vectorielle

Théorème 2 La fonction $\|A\|_{AMD} = \left(\sum_{j=1}^{d} \left(\sum_{i=1}^{m} (a_{ij})^2 \right)^{\frac{1}{2}p} \right)^{y_p}$, $p \succ 0$ est une norme matricielle

Démonstration du théorème 2

Il est facile de démontrer que :

- $\|A\|_{AMD} \geq 0,$
- $\|A\|_{AMD} = 0 \Leftrightarrow A = 0,$
- $\|\alpha A\|_{AMD} = |\alpha| \|A\|_{AMD}$

Soient les deux vecteurs $a^{(j)} = [a_{1j}, a_{2j}, ..., a_{mj}]^T$ et $b^{(j)} = [b_{1j}, b_{2j}, ..., b_{mj}]^T$ où $a^{(j)}$ et $b^{(j)}$ sont la j^{ème} colonne de A et la j^{ème} colonne de B respectivement.

Soit la norme vectorielle $g(a) = \left(\sum_{j=1}^{d} \left(\|a^{(j)}\|_2 \right)^p \right)^{y_p}$ avec $\left(a = \left[\|a^{(1)}\|_2, \|a^{(2)}\|_2, ..., \|a^{(d)}\|_2 \right]^T \right)$ (théorème 1).

Soit $b = \left[\left\| b^{(1)} \right\|_2, \left\| b^{(2)} \right\|_2, ..., \left\| b^{(d)} \right\|_2 \right]^T$

$$\left\| A + B \right\|_{AMD} = \left(\sum_{j=1}^{d} \left(\sum_{i=1}^{m} (a_{ij} + b_{ij})^2 \right)^{\frac{1}{2}p} \right)^{\frac{1}{p}} \leq \left(\sum_{j=1}^{d} \left(\left\| a^{(j)} \right\|_2 + \left\| b^{(j)} \right\|_2 \right)^p \right)^{\frac{1}{p}}$$

$$\left(\sum_{j=1}^{d} \left(\left\| a^{(j)} \right\|_2 + \left\| b^{(j)} \right\|_2 \right)^p \right)^{\frac{1}{p}} = g(a+b) \leq g(a) + g(b)$$

$$= \left(\sum_{j=1}^{d} \left(\left\| a^{(j)} \right\|_2 \right)^p \right)^{\frac{1}{p}} + \left(\sum_{j=1}^{d} \left(\left\| b^{(j)} \right\|_2 \right)^p \right)^{\frac{1}{p}}$$

$$= \left(\sum_{j=1}^{d} \left(\sum_{i=1}^{m} a_{ij}^2 \right)^{\frac{1}{2}p} \right)^{\frac{1}{p}} + \left(\sum_{j=1}^{d} \left(\sum_{i=1}^{m} b_{ij}^2 \right)^{\frac{1}{2}p} \right)^{\frac{1}{p}}$$

$$= \left\| A \right\|_{AMD} + \left\| B \right\|_{AMD}$$

Donc $\left\| A + B \right\|_{AMD} \leq \left\| A \right\|_{AMD} + \left\| B \right\|_{AMD}$, d'où $\left\| A \right\|_{AMD}$ est une norme matricielle

Définition 4 Une métrique dans $\mathfrak{R}^n$ est une fonction $f : \mathfrak{R}^{m \times d} \times \mathfrak{R}^{m \times d} \to \mathfrak{R}$ avec les propriétés suivantes:

- $f(A, B) \geq 0, \quad A, B \in \mathfrak{R}^{m \times d}$
- $f(A, B) = 0 \Leftrightarrow A = B$
- $f(A, B) = f(B, A)$
- $f(A, B) \leq f(A, C) + f(C, B),$

Théorème 3 La fonction $d_{AMD}(A, B)$ est une distance

Démonstration du théorème 3

La fonction $\left\| A \right\|_{AMD}$ est une norme matricielle, il est simple de voir que $d_{AMD}(A, B) = \left\| A - B \right\|_{AMD}$ est une mesure de distance dérivée de la norme matricielle $\left\| A \right\|_{AMD}$. Donc la fonction $d_{AMD}(A, B)$ est une distance.

Corollaire 1

La distance de Frobenius $d_F(A, B) = \left(\sum_{j=1}^{d} \sum_{i=1}^{m} (a_{ij} - b_{ij})^2 \right)^{\frac{1}{2}}$ est un cas particulier de AMD pour $p = 2$.

Corollaire 2

La distance de Frobenius $d_Y(A, B) = \sum_{j=1}^{d} \left(\sum_{i=1}^{m} (a_{ij} - b_{ij})^2 \right)^{\frac{1}{2}}$ est un cas particulier de AMD pour $p = 1$.

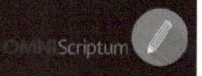